ワークで学ぶ

KOMURO Hiroki + SAITO Tomoya
小室弘毅
齋藤智哉 編

Methods and Techniques of Education

教育の方法と技術

ナカニシヤ出版

は じ め に

　本書は『ワークで学ぶ』シリーズの第6弾にあたります。小学校・中学校・高等学校の教師を目指し、大学で教職課程を履修する人たちが「教育の方法と技術」を実感をもって学ぶことができるよう編集されたものです。

　「教育の方法と技術」に対するイメージは人それぞれだと思います。次の日の授業で準備なく実践できるマニュアルや習熟すれば誰にでもできるメソッド、あるいは、すぐに効果が表れるシステムなどといったものを思い浮かべる人もいるかもしれません。たしかに、マニュアルやメソッドにはすぐに実践でき、かつ即効性のあるものもあり、思わず飛びつきたくなる衝動に駆られることもあるでしょう。「最新の〇〇」や「流行の〇〇」といったものを取り入れることで、自分の教育実践をよりよいものに更新しているという実感をもちやすいかもしれません。しかし、誰もがすぐに実践でき、即効性のあるものは、持続性が乏しく応用がききにくいという側面があります。マニュアルやメソッドに頼りすぎると、次々に「誰かが」考案した新たなものを追いかけ続けなければならなくなります。本書では、そのような方法や技術の永遠の追いかけっこに対して疑義を呈しています。たとえば「不易と流行」という言葉があります。本書が「教育の方法と技術」において大切だと考えているのは、いたずらに流行を追いかけるのではなく、時代や状況によって変わるものと変わらないものとを丁寧に見極め、変えるべきものは変え、変えてはいけないものは変えない姿勢です。

　教師が他の誰でもない「私」として「私の授業」を創出し、子ども1人ひとりが他の誰でもない「私の学び」を実現するには、この世界を生きる主体としての私たち自身の「からだ」に目を向ける必要があります。また、教室という学びの場は、あなたと私の「からだ」の存在によって成立していることも、見逃してはなりません。そして何よりも、教育の方法と技術とは、それを用いる教師の存在＝「からだ」を抜きにして語ることはできないものです。つまり、方法や技術における「不易（変わらないもの）」は、それらを用いる人の「からだ」です。そのため、教育における「不易」の方法や技術が生まれる場とし

i

て教師の「からだ」に着目し、そこに焦点を当てた章を複数配置していることが本書の最大の特徴になります。

それでは、教師はどのようにして、「教育の方法と技術」を学んでいくのでしょうか。この問いに対して、本書は次の二つの方針によって編集されています。一つは先に示した私の「からだ」に気づき、私の「からだ」のあり方を実践に活かすことです。もう一つは、教育の方法と技術に関わる理論などを学ぶことです。

最初は理論を扱った章を難しく感じるかもしれません。しかし、その懸念は『ワークで学ぶ』シリーズのコンセプトによって解消されるでしょう。本文中に用意されたワークに取り組むことで、理論を実感として理解することができるようになると思います。そのうえで、理論で学んだことを、自らの「からだ」の感覚に即して個別に具体化する挑戦をしてほしいと思います。マニュアルやメソッドをただ実践するのではなく、他の誰でもない「あなた」だからこそできる教育の方法と技術を探究してほしいのです。

2019 年度より大学の教職課程のカリキュラムは刷新されました。そのため本書は、文部科学省が策定した「コアカリキュラム」に準拠し、「教育の方法及び技術（情報機器及び教材の活用を含む。）」の全体目標である「これからの社会を担う子供たちに求められる資質・能力を育成するために必要な、教育の方法、教育の技術、情報機器及び教材の活用に関する基礎的な知識・技能を身に付ける」に対応した内容構成にしました。

また、2017 年には小学校と中学校の新学習指導要領が、2018 年には高等学校の新学習指導要領が告示されました。2020 年度の小学校を皮切りに、順次、新学習指導要領が完全実施されます。本書は、新学習指導要領も念頭において編纂されていますが、それらを単純に解説するものではありません。先に「不易と流行」の話をしました。教育の方法と技術にとって「不易」は、時代によって変わらないものだけでなく、どのような学びを教室に創出したいのかというヴィジョンであり、そのヴィジョンを支える哲学や思想でもあります。そのため、少々難しいと感じられる理論を扱う章も配置しました。

新学習指導要領で新たに示された内容で、教育の方法と技術に最も関連があるのは「主体的・対話的で深い学び」でしょう。本書の読者の多くは、小学校

から高等学校まで一斉授業を経験してきたと思います。「主体的・対話的で深い学び」を実現するには、実践する教師自身がそれを経験しておく必要があります。ぜひ、本書で理論の学びとワークの経験を通して「主体的・対話的で深い学び」を実感し、実践を生み出してほしいと思います。

本書では、教育方法学や教育哲学を中心とする新進気鋭の若手研究者に執筆を依頼して最新の知見を揃えつつ、同シリーズのコンセプトを踏襲し、本文部分に関しては極力独学でも理解できるよう、平易な語り口にするように務めました。本書が大学の授業のテキストとしてだけでなく、独学で教育の方法と技術を学ぼうとしている人の助けにもなれば幸いです。

最後になりますが、本書の刊行にあたって、ナカニシヤ出版の酒井敏行さん、面髙悠さんには並々ならぬご支援をいただきました。本書の企画が立ち上がった直後に教職課程のカリキュラム改訂が発表されたため、「コアカリキュラム」が決定されるまで本書の内容を確定できず、出版が大幅に遅れることとなりました。ナカニシヤ出版には息長く原稿を待って頂いたことに、この場を借りて深く感謝申し上げます。イラストは細見知加さんにお願いしました。また、佐藤学先生（学習院大学特任教授・東京大学名誉教授）には、帯の言葉を頂くことができました。厚く御礼申し上げます。

本書が、知識基盤社会における「教育の方法と技術」として、すべての子どもの学びを保障する新たな地平を切り拓く一助となれば幸いです。

編者　　小 室 弘 毅

齋 藤 智 哉

目　次

はじめに　*i*

第1章　教育における方法と技術ってどんなもの？
「主体的・対話的で深い学び」と教育の方法と技術 ——————— 3

第2章　教育の方法にも歴史があるの？
近代日本の教育方法の歴史 ——————— 19

第3章　授業づくりにも発達論の理解は必要なの？
発達論から「主体的・対話的で深い学び」を理解する ——————— 33

第4章　リフレクションって何をするの？
反省的実践家としての教師と省察 ——————— 46

第5章　「主体的・対話的で深い学び」での教師の役割は？
ファシリテーターとしての教師と学びの場づくり ——————— 61

第6章　「深い学び」ってどんな学び？
「真性の学び」を実現するための授業デザイン ——————— 76

第7章　メディア（ICT機器）を授業でどのように活用するのか？
教育の方法におけるメディアの活用 ——————— 92

v

第8章 カリキュラムと評価を考えることはなぜ重要なのか?

カリキュラムと評価を授業づくりに活かす ———— 105

第9章 なぜ学校教育で「からだ」は重要なのか?

「主体としてのからだ」と聴くこと——「からだ」から考える教育
の方法① ———— 120

第10章 「からだ」? 「体」? 「カラダ」?

「からだ」に込められた意味——「からだ」から考える教育の方法②
———— 134

第11章 教師にとって技術と人間性はどっちが大事?

教育の方法としての教師という存在 ———— 150

第12章 教育にケアは必要なの?

ケアからみる教育方法 ———— 167

第13章 学校に教科書やテストがあるのはあたりまえ?

多用な学びにおける教育方法 ———— 183

第14章 ホリスティックな学びとは?

持続可能な社会と私たちのかかわり ———— 198

第15章 教師になったあとも学び続けるためには?

同僚とともに学び合う校内授業研究 ———— 213

人名索引 227
事項索引 228

ワークで学ぶ教育の方法と技術

◎イラスト＝細見知加

第1章

教育における方法と技術ってどんなもの？

「主体的・対話的で深い学び」と教育の方法と技術

1.「主体的・対話的で深い学び」

二つの転換

　小学校・中学校・高等学校の学習指導要領が大幅に改訂された。この改訂は、学習指導要領がはじめて具体的な学び方（「**主体的・対話的で深い学び**」）を示したことから、戦後最大の教育改革といわれている。そして、このことは、私たちに二つの大きな転換を要請している。

　一つは、教えることから学ぶことへの教育観の転換。もう一つは、個人から協同（協働）へという学び観の転換である。

　これまで、教わることと学ぶことは基本的にはイコールであった。それゆえ、教育においては、教え方が問題となった。しかし、現在教わることと学ぶことはイコールではなくなってきている。教わるということとは別のこととしての学びに焦点が当てられているのである。そして、この学ぶということは、勉強するということともイコールではない。勉強とは、宿題をしたり、漢字の書き取りや暗記をしたりといった、反復練習や問題集を解いて答え合わせをするようなイメージであろう。そのような勉強では、教師は管理者、監視者として子どもに向きあう。アメとムチを使ってやらせるということが教師の役割になるのである。しかし、ここで語られている学びとはそのようなものではない。教育を情報伝達であり、情報を子どもに定着させるものととらえるのであれば、子どもに勉強させればよいであろう。かつてはそうであったため、教わるということや勉強する（勉強させられる）ことと学びとは同義にとらえられていたのである。しかし、現在すでに教育は単なる情報伝達や情報の定着ではなくなっている。知識や情報を得るということが学びのあり方ではなくなってきて

3

いるのである。

　教師の側からいえば、教えるでも勉強させるでもない、学びという営みに携わることを求められているということである。教えること、勉強させることは、これまでの教育のあり方から十分可能である。しかし、学ばせるということは、「主体的・対話的で深い学び」という学びにおいては非常に難しいことである。そもそも学ばせるという使役用法は主体的という用語にはそぐわない。教えるでも勉強させるでも学ばせるでもない、学びという営みに携わること、それが新学習指導要領で求められている教師のあり方なのである。それは、子どものなかに学びが起きるような体験を誘発することであり、そのような場をつくるということである。それゆえ、教師は子どもたちに対して**ファシリテーター**という新しい役割を担うのである[1]。

　「主体的・対話的で深い学び」は、しばらくのあいだ「**アクティブ・ラーニング**」という用語で語られていた。アクティブ・ラーニングは、1990年代にアメリカで概念として登場し、日本では大学教育改革のなかで注目され、2012年8月の中央教育審議会答申「新たな未来を築くための大学教育の質的転換に向けて——生涯学び続け、主体的に考える力を育成する大学へ」をきっかけに、教育改革の重要なキーワードとなったものである。その答申の用語集では、「教員による一方的な講義形式の教育とは異なり、学習者の能動的な学習への参加を取り入れた教授・学習法の総称」と定義され、発見学習、問題解決学習、体験学習、調査学習あるいは、教室内でのグループ・ディスカッション、ディベート、グループワークなどが具体例として挙げられている。その後2014年11月の文部科学大臣による中央教育審議会への諮問「初等中等教育における教育課程の基準等の在り方について」によって「課題の発見と解決に向けて、主体的・協働的に学ぶ学習（いわゆる「アクティブ・ラーニング」）」と示され、アクティブ・ラーニングは学習指導要領改訂の焦点の一つとなった。そして2016年12月の『幼稚園、小学校、中学校、高等学校及び特別支援学校の学習指導要領等の改善及び必要な方策等について（答申）』において、「「主体的・対話的で深い学び」の実現（「アクティブ・ラーニング」の視点）」が提起された。2014年11月の時点では、「協働的」とされていたものが「対話的」となり、さらに「深い」という形容詞が付加され、「主体的・対話的で深い学び」と

なったのである。

　協働が対話となり、深いという形容詞が付加されたことの意味は大きい。「主体的・対話的で深い学び」とは、従来個人に帰属していた学びに対して、学びとは他者との対話のなかに成立するものであるという、新しい学び観の登場として理解することができる。この前提に立たないと、アクティブ・ラーニングという教育手法は、効率よく情報内容を伝達するための単なる手段になってしまうだろう。アクティブ・ラーニングの導入は、単なる教育内容の更新でも、新しい教育方法の導入ではなく、教育全体の根幹となる学び観の転換を意味するのである。それゆえ、新学習指導要領は戦後最大の教育改革と呼ばれるのである。多くの人は、学びというと個人のものというイメージを強くもっているだろう。そして、すでにアクティブ・ラーニングを体験してきているとしても、それはあくまで個人の学習効果を高めるための手段として体験しているだろう。つまり、現在、教師や教師を目指している人間にとっては、自分が体験してこなかった価値観とやり方で教育活動を行うことが求められるということである。そのために、まず教師自身や教師になる人間自身の、教育や学びに対する価値観の転換が求められるのである。それでは、次にそれぞれの形容詞に注目しながら、「主体的・対話的で深い学び」についてみていこう[2]。

主体的な学び

　2014年の中央教育審議会答申から新学習指導要領まで変化のなかった用語が「主体的」である。それではこの主体的という語をどのように理解したらよいだろうか。主体という語を英語にしてみると「subject」になる。そしてこれをあらためて日本語に置き換えてみると「主観」という語が出てくる。主体と主観。どちらも英語の subject の翻訳だが、これに接尾辞の「的」をつけると少し様子が変わってくる。主体的と主観的。たとえば、「主体的に考える」と「主観的に考える」。あるいは、「主体的に理解する」と「主観的に理解する」。「主観的に」となったとたんに、「自分勝手」という否定的な印象を受ける。一方の「主体的に」という表現にはそういった印象はなく、むしろ「自分がある」とか「自分をもっている」という肯定的な印象になる。学びにおいてもそうであろう。「主体的な学び」と「主観的な学び」。似ているようでまった

く印象が異なってしまう。『広辞苑』（第七版）では、「主体」の項目において以下のように記されている。

> 主観と同意味で、認識し、行為し、評価する我を指すが、主観を主として認識主観の意味に用い、個体性・実践性・身体性を強調するためにこの訳語を用いることがある。

「主観」と同じ意味で用いられるのだが、それでは「個体性・実践性・身体性」が薄まってしまうので、それを強調するために「主体」が用いられるというのである。1884（明治17）年に再版された『改訂増補　哲学字彙』という辞書をみてみると、subjectの意味は「心、主観、題目、主位（論）」となっており、主体の語はみられない。主体の語はsubjectの訳語としては、あとから使用されるようになったものだと考えられる。

　それではあらためてこの語に接尾辞の「的」をつけて英語と比較してみよう。「主体的」という語を英語にしてみると「subjective」となるが、これは「主観的」と訳したほうがよさそうなニュアンスがある。むしろ「independent（自主的な、独立した）」や「voluntary（自発的な）」といった用語のほうがふさわしいようだが、それでも日本語のもつ「主体的」という語のニュアンスを十分には表現しきれてはいないように思われる。そもそも「主体」という語自体漢語であり、英語・漢語・日本語のそれぞれのニュアンスが混ざりあって「主体的」という語は日本語独特のニュアンスを帯びるようになったと考えるのが妥当だろう。それが『広辞苑』（第七版）の「個体性・実践性・身体性を強調」ということの意味であろう。そして主体的の英訳語としては、アクティブ・ラーニングの「active」もある。能動的、積極的、活動的という意味のあるこの語から、主体的な学びは来ている。つまり、主体的な学びとは、自主的や自発的、あるいは能動的、積極的、活動的といったニュアンスももつものであり、また一方で個体性や実践性、身体性というニュアンスを帯びたものであるといえそうである。ここでは、主体的という語のニュアンスには、個体性、そして身体性が含まれるということを強調しておこう。「主体的・対話的で深い学び」とは、正解がない学びである。そこが従来の暗記型の勉強とはまったく異

なるところである。正解がないということが個体性に関係してくる。そしてそれは多様性へとつながる。身体性も同様に、問題とされるのは個々の身体である。ほかならぬ私の身体が問われるのである。正解がどこかにあってそれを覚えるということではなく、正解は私の身体との関係においてそのつど決定されるのだというのが、この学びがもつ含意であると考えられるだろう。

対話的な学び

それでは次に対話的な学びについて考えてみよう。物理学者の**デヴィッド・ボーム**（Bohm, D. 1917-1992）は、科学技術の発展にもかかわらず世界がよいものになっていかないのはコミュニケーションの問題だと考え、『ダイアローグ——対立から共生へ、議論から対話へ』という本を著している。ボームは、対話とは、議論や交渉、取引とは異なり、「新たなものを一緒に創造すること」だと述べている。ボームの言葉をみてみよう。

> 対話では、人が何かを言った場合、相手は最初の人間が期待したものと、正確に同じ意味では反応しないのが普通だ。というより、話し手と聞き手双方の意味はただ似ているだけで、同一のものではない。だから、話しかけられた人が答えたとき、最初の話し手は、自分が言おうとしたことと、相手が理解したこととの間に差があると気づく。この差を考慮すれば、最初の話し手は、自分の意見と相手の意見の両方に関連する、何か新しいものを見つけ出せるかもしれない。そのようにして話が往復し、話している双方に共通の新しい内容が絶えず生まれていく。したがって対話では、話し手のどちらも、自分がすでに知っているアイデアや情報を共有しようとはしない。むしろ、二人の人間が何かを協力して作ると言ったほうがいいだろう。つまり、新たなものを一緒に創造するということだ[3]。

すでに知っているアイデアや情報を他者に披露するのは対話ではなく、プレゼンテーションである。通常の会話でも、学校のグループ活動においても、対話ではなくプレゼンテーションのしあいになっている場面をしばしば見かける。互いに知っている知識や情報を言いあうだけで、新たなものがまったく創造さ

れないまま会話が進んでいく。授業場面であれば、「学び合い」を標榜しつつ、実態は「話し合い」や「教え合い」になってしまっている状況がそれであろう。

　しかし、対話がうまくいっているとき、私たちは自分でも思ってもみないことを話すときがある。つい相手の表情や促しに乗せられて、あるいは場の雰囲気に押されて、口が滑る。そしてその話を自分がしたあとで、自分はそんなことを考えていたんだと事後的に知るのである。あるいは、まだ考えがうまくまとまっていないのだが、見切り発車的に話しはじめて、話しているうちに考えがまとまってくることはないだろうか。相手やチームに向かって話していると、当然そこには有形無形の反応がある。その反応に応答しながら話を進めていくと、まとまっていなかった考えがまとまっていったり、自分でも思ってもみなかったようなアイデアが話している最中に浮かんできたりする。それこそが対話なのである。対話がうまくいっているときには自分でも思ってもみないアイデアが出てくると述べたが、むしろ、自分でも思ってもみなかったアイデアや話が出てきたときに、それは対話となっているといったほうがいいだろう。

　それでは、コミュニケーションが対話になっているとき、そのときの対話の主体はどこにあるのだろうか。自分でも思ってもみないようなアイデアは、相手やチームのメンバーという聴き手がいなかったら出てこなかったものである。そういった意味ではそれは相手に引き出されたものであり、自分のものだとはいえない。しかし、相手はそのアイデアを話し手から引き出そうとして聞いていたわけではない。そのアイデアは、「自分でも思ってもみない」とはいいながらも、まぎれもなく話している人が出したものである。そういった意味では、やはりそれは話し手自身のものだといえよう。つまり対話においては、アイデアや話は話し手にも聴き手にもどちらのものでもないと考えたほうがよいといえるだろう。なぜなら、そのときその場でその人に向かって話していなければそのアイデアや話は出てこなかったからである。そして、そういった話し手にとっても聴き手にとっても新しいものが創造されるのが対話であるとするならば、対話における主体とは、私でもあなたでもなく、場そのものであるといえるだろう。コミュニケーションにおいて、私という主体もあなたという主体もいったん解体されて、どちらともいえなくなることによって、新しいものが創造される。場において「思わず」とか「つい」とかといったかたちで発言やア

8

第1章　教育における方法と技術ってどんなもの？

イデアが出てくる瞬間。それこそが新たなものが創造された瞬間であり、私でもあなたでもなく場が主体となった瞬間である。そして、その新たなものの創造こそが学びである。それを目指すのが対話的な学びなのだといえるだろう。

　ボームは先の引用に続けて、「そうしたコミュニケーションで新しいものが創造されるのは、人々が偏見を持たず、互いに影響を与えようとすることもなく、また、相手の話に自由に耳を傾けられる場合に限られる」と対話の難しさについて述べている。話し手と聴き手の構えのあり方が対話においては決定的に重要だというのである。コミュニケーションが、議論や交渉ではなく、新しいものが創造される対話になるためには、話し手も聴き手も偏見をもたず、また相手に影響を与えようとせず、自由に話し、聴くことのできるあり方と、そのような場がなければならない。教室に対話を実現するために教師がやらなければならないのは、そのような場の創出なのである。

対話の主体と深い学び

　対話の主体が私でもあなたでもない場そのものだとするならば、主体的な学びと対話的な学びとはどのように関係してくるのだろうか。主体的とは、ある目標や目的に向かって自ら進んでいくといった「自主的」や「能動的」といったものとは異なったあり方である。主体的の場合、目標や目的すらも自らで判断して決めなければならない。実際には目標や目的すらよくわからないままに、それでもなんとなくこっちのほうがよさそうだと手探りで進んでいくような状況でこそ、主体性は発揮される。自分で決めたものとはいえ、目標が定まってしまったら、それは自主的、能動的に変わってしまう。そういった意味では、主体性とは、先のみえない状況のなかで、それでも何とか前に進んでいこうとし、前に進んでいった結果として、あとになってから発見されるものなのだといえるだろう。主体性とは、すでにあるものではなく、事後的に見出されるものなのである。

　そう考えると、これが対話の構造と非常に似通っていることがわかるだろう。対話も、どうなるかわからない状況のなかで、相手の反応やその場の空気に押されて、自分でも思ってもみないようなことを話してしまう。その結果、自分が考えていたことが事後的に理解されるという構造をもつ。どちらも、それが

対話的であったり主体的であったりするのは、自分でも思ってもみない発言を「思わず」や「つい」してしまうという出来事が起こったあとにそうであると知られるときである。そしてその自分でも思ってもみないということが新しいものの創造であり、それこそが「深い」学びなのである。知っている知識や情報のやりとり（浅い学び）ではなく、どちらも知らないものや新しいことがその場から生み出される学びのあり方を指して「深い」と形容されるのである。

　つまり「主体的・対話的で深い学び」とは、つい、自分でも思ってもみない話をしてしまった自分こそが、主体的な学びの主体なのであり、その主体を立ちあらわれるようにしたのが対話であり、自分が思わずしてしまった話によって自分が何を考えていたのかを事後的に知るというかたちで深みをもつものなのだということができるだろう。

２．教育における技術と方法とはどのようなものか

技術と方法

　教育の方法と技術というのが本書のタイトルであるが、方法と技術とは実際にはどのようなものなのだろうか？

　技術をあらわす英語表現には、technique、technology、skill、art といったものが挙げられる。それぞれカタカナ表記され、日本語としても使われている。教育の技術として、テクニックという訳語を当てると少し違和感を覚えるだろう。テクニックには、何か特定の目的のために開発された専門的な技術や技巧といった意味があるが、日本語になると小手先の技術のような印象が出てしまう。テクノロジーだと科学技術といった意味になり、個々の教育場面ではやや大げさな印象を受ける。そしてスキルの場合、技術という意味は技量や技能といった訓練によって身につけた能力のことになる。テクニックは、誰もが使えるマニュアルや道具のようなものとしての技術、スキルは個人に属する能力としての技術である。さらにアートという訳語は、教育の技術を語る場面でよくみられるものである。技術という漢字表記にアートというルビをふるという表現もみられる。教育における技術のニュアンスをあらわすのにアートという表現は、テクニックやスキルという用語よりもその実態を的確にあらわすと同時

に、その理想の状態を指すものと考えられる。テクニックやスキルとなると、その技術の対象となる子どもや生徒をもの扱いするような印象が出てしまう。アートという表現はそれを嫌ったもので、決まったやり方やマニュアル的な操作といった意味を教育の技術から排除したいという思いがみてとれる。とはいえ、アートという語を単独で使うと技術的要素が抜け落ちてしまう。技術という漢字表記にアートというルビという表現方法は苦肉の策といえるだろう。

　それでは、方法はどうであろうか。方法の英訳語も way、procedure、method、manner といくつか挙げられる。ウェイは日本語にはなっていないが、道という意味から、何かに到達する道のりという意味での方法、やり方だとわかる。プロシージャは近年コンピューターのプログラミングなどで目にすることが多くなったが、pro は「前に」という意味、ced は「行く」という意味であるから、前に進むための段階的な手続きや手順といった意味になる。手順となるとやはり「お決まりのやり方」といったニュアンスになり、テクニックという表現と同じように、操作マニュアルのような印象を受ける。メソッドは、日本語でも○○メソッドという言い方や本が出版されているように、確立された方法論のようなニュアンスがある。マナーは、日本語ではテーブルマナーのような作法といったイメージがあるが、ほかにも風習という意味もあり、その人固有のやり方といったニュアンスがある。こうみてくると、教育における方法といった場合、メソッドという訳語がある程度しっくりくるのではないだろうか。

　それでは、技術と方法とはどのような関係にあるのだろうか。技術は、先にみたように誰もができるマニュアルといったニュアンスと、その人の能力としての意味と、マニュアルには収まりきらない人間関係における機微や妙といったものを扱うやり方といった意味が含まれるだろう。方法も同じくやり方ではあるが、技術より抽象度は一段高くなる。具体的なその場での対処の仕方というよりは、もう少し大きな方向性といった意味を含むだろう。つまり、個々の具体的な場面や授業の進め方は技術、その技術をいつ使うかやどのように使うかといった判断や方針が方法であると理解するとわかりやすいだろう。さらにその先には、その方法（論）を採用すると判断する教師の価値観や教育観、人間観がある。その三層構造によって教育の方法と技術は成り立っているといえ

図1-1 技術と方法の三層構造

るだろう。

教育における目標と方法

　通常、私たちは「方法」というと、目標に到達するための手段と思ってしまう。そして、目標に到達することが重要だとするならば、いかに速く、いかに効率よくそこに到達するかが問われることになる。しかし、教育とは、そのようなものなのだろうか。目的地に、より早く、より正確に、より効率よく到達することが教育なのだろうか。この問いは、教育評価や教育目標に教育の方法や技術を従属させていいのかという問いにつながるものである。

　たとえば、子どもの学力を高めることと教育とはそのままイコールではない。何かができるようになることも教育の一部ではあるが教育のすべてではない。教育においては、本来その目的はあいまいなものである。もちろん、個々の授業で、あるいは1年間のカリキュラムのなかで、到達目標というものはあるだろう。近視眼的にみれば、教育の目的地ははっきりしている。できないことができるようになったり、成績を上げたり、受験に合格したりと。しかし、教育の本当の目的地はその人が死ぬまでわからないものなのではないだろうか。教育の方法を考えるに当たっては、一度そのくらいアイスパンを広げて考える必要があるだろう。そのうえで、個々の目的地とその手段を決める必要がある。近視眼的に目的地を決めてしまうと、気づいたときにはとんでもないところに行ってしまっていたりする。近視眼的な思考は遠視眼的思考があってはじめて意味をもつ。とくに現在の社会状況における教育においてはそうであろう。今後の社会の先行きは不透明なままである。AIの進化により、現在ある職業は半分以上が失われるともいわれている。教育の目的が社会に対する適応だとして、その社会が恒常的に変化しない社会であったり、現時点での社会に対する適応であったりするならば話は早い。しかし、子どもたちが適応するのは、未来の社会である。社会そのものの先行きが不透明な状況のなかで、何に適応していったらいいのかわからないというのが現状である。

第1章　教育における方法と技術ってどんなもの？

　目的がなければ、進むことができないというのは、ナンセンスである。私たちは、目的もなく歩き出し、またどっちに進んだらいいのかわからない状況のなかでも、なんとなくこっちのほうがよさそうだという嗅覚を働かせて、進んでいくことができる。教育とは本来、明確な目的地がわからない状況のなかで、それでもともあれこっちのほうがなんとなくよさそうだという不確かな、でも確固とした予感に導かれて、そのつどそのつど方向を確かめながら先へと進む営みなのではないだろうか。そして、その、方向はあっても目的地のない歩みのための手段としての教育方法とは、目的地により効率よく到達するための手段ではないということは容易に理解できるだろう。ここでは、教育における方法を、目的地に効率よくたどり着く手段としてではなく、目的地そのものがまだみえないなかでも、なんとなく確からしい方向を嗅ぎ分け、そちらの方向に手探りながらも進む手段ととらえたい。そう考えたときに、教育における方法という概念は大きく変わってくるだろう。

　到達目標が先に定まっていて、あるいは評価基準が明確になっていて、そこに到達するための方法や技術というものではなく、到達目標も評価基準もあいまいななか、それでもなんとかたしからしい方向へと向かってゆく、そのための方法や技術というものがある。後者の方法や技術を教育における方法や技術として考えてみたいのである。

3．方法がもつ意味

目標と目的——登山のたとえから

　ここでは、方法や技術そのものが伝える意味について考えてみよう。前節では、目的地との関連で方法や技術について考えてみたが、教育においては、目的地だけでなく、そのプロセスに関わる方法自体も教育的な意味をもつ。

　登山を例に考えてみよう。登山の目的地は当然頂上である。その頂上に到達するためにロープウェイで行くのか、車で行くのか、徒歩で行くのか、はたまたヘリコプターで行くのか、手段はさまざまある。しかし、登山においてはただ単に頂上に到達すればいいというわけではない。頂上はたしかに目的地ではあるが、頂上に着くことは登山の目的ではない。登山の楽しみは、そのプロセ

13

スにある。途中で見える景色や、足元の草花や、あるいは頂上を見上げたとき
の気持ち、そういったものが登山の醍醐味であって、頂上に着くという目標は
仮のものでしかない。極端にいえば、頂上にまで行かなくても登山は成立する
し、その醍醐味を味わうことも可能である。そして、ロープウェイで行くなら
ロープウェイの、徒歩で行くなら徒歩の、それぞれの楽しみがある。頂上とい
う目的地はあくまで目標であって、登山の目的ではないのである。この、目標
と目的の混同、取り違えは教育においては多々みられることである。何かがで
きるようになる、何かを理解するということは、それこそ到達目標という目標
であって、登山のたとえでいえば、頂上である。しかし頂上に到達することは
目標であっても教育（登山）の目的ではない。教育（登山）の目的は別のとこ
ろにある。こう考えると、目標のための方法や技術と目的のための方法や技術
が異なるものであることがわかるだろう。そしてここで考えたいのは、目的の
ための方法と技術である。登山の目的が頂上に到達することならば、より早く、
より効率的に頂上に到達する方法が最善のものとなる。しかし、登山の目的は
頂上に到達することではなく、登山そのものである。そうなると効率性は意味
をもたなくなる。早く、効率的に頂上に到達することよりも大切になってくる
のが、どのように頂上に行くのかというルートや手段である。頂上到達という
結果よりも、途中のルートや景色、あるいは仲間との会話というプロセスこそ
が目的となるのである。その目的のための方法や技術とはどのようなものだろ
うか？　登山の場合、ルートの選択という頂上に到達するための手段にすぎな
いものが大きな意味をもつことになる。教育における方法も同様である。同じ
内容のことを学ぶにしても、それを誰がどのように伝えるのか、あるいは誰と
一緒に学ぶのかによって、まったく異なった営みになる。そう考えると、教室
や授業の雰囲気、子どもたち同士の関係づくりがいかに重要なことかがわかる
だろう。教育における方法や技術とは、教室環境やクラスの雰囲気、子どもた
ち同士の関係性といったものから独立して存在するものではなく、むしろ、環
境や雰囲気や関係性といったものそのものをつくることも含めての方法や技術
なのである。

第1章　教育における方法と技術ってどんなもの？

方法がもつ意味

　このことを理解するために、以下のワークをやってみよう。

```
── ワーク1-1 ──
　ライヴ体験とライヴ映像を比較してみましょう。
　自分が行った音楽のライヴとそのライヴ映像とを比べてみましょう。曲目や
歌い方、MCなどまったく同じそのライヴは、当日体験したそれとあとから映像
で観たそれとで何が違うのでしょうか？　近くの人と話し合ってみましょう。
```

　内容的にはまったく同じものでも、生の体験と映像体験とでは、まったく
違った体験になるだろう。何が違っただろうか？　映像化されることによって
生の体験から何が失われたのだろうか？　その映像化されたときに失われてし
まうものを、目的のための方法としてみよう。そうすると目標のための方法と
は、生の体験でも映像体験でも変わらない内容にかかわるものとなる。同じ方
法という概念でもそれがかかわる領域がまったく異なるのがわかるだろう。教
育における方法と技術といった場合に、このどちらもが含まれるのだが、多く
の人は後者の目標のためのものといったイメージが強いだろう。そのため、こ
こでは目的のための方法、映像化されてしまうと消えてしまう生の体験にある
何か、そこに目を向けてみよう。

　ワーク1-1では、生の体験と映像体験とを比較したが、今度は、同じ作品
をさまざまなメディアで鑑賞することを考えてみよう。

```
── ワーク1-2 ──
　いくつかのメディア体験を比較してみましょう。
　一つの作品が、小説、漫画、舞台、実写映像、アニメーションとさまざまな
かたちで表現されることがあります。それらに触れたときの、それぞれの印象
や感覚の違いについて考えみましょう。それを近くの人とシェアしてみましょう。
```

　小説で読むのと、漫画で読むのと、映像で観るのと、舞台で観るのとでは、
同じ作品だったとしても、その体験はまったく違ったものになる。ストーリー
や内容は同じでも、それを表現する手段が異なれば、まったく別のものになる。
当然そこには表現者の解釈も入ってくる。単にストーリーや内容を伝えるため

15

だけなら、最も効率よくそれを伝えられる方法を選べばいいだろうし、受け手側も一度その内容を受け取ってしまえば、他の方法であらためてその内容に触れる必要はなくなる。しかし、私たちは、同じ内容の作品を何度も読み直すし、他の表現方法でも受け取ろうとする。内容はすでに知っているし、まったく同じなのにもかかわらずである。私たちは内容を理解するためだけに、情報を得るためだけに、本を読んだり映像を見たりするわけではない。表現方法そのものからも大きく影響を受けるからこそ、読み返したり、新しく観に行ったりするのである。方法そのものからさまざまなものを得ているのである。

一つのエピソードから

　同工異曲であるが、最後に、もう一つワークをしてみよう。

― ワーク1-3 ―
以下のエピソードを読み、次の展開を想像してみましょう。

【エピソード】
詩人の平出隆（1950–）に、『葉書でドナルド・エヴァンズに』という本がある。架空の国の切手を描き、それを作品として発表し続けた夭折の画家ドナルド・エヴァンズに宛てて、平出が「死後の友人」として彼の生涯や作品に対する思いを旅先からの葉書というかたちで届けるという書簡体のエッセイである。私とこの本との出会いは、友人と訪れた展覧会会場だった。会場近くの書籍コーナーで、その友人がふと手に取り、しばらく眺めたあと購入した本がこれだった。平出の本は持っていたが、その本のことは知らなかった私は、その友人に何げなく「読み終わったら貸して」と頼んだ。するとその友人は、少しのあいだ思案して、「貸さない」と言った。そして、「いいこと思いついたから」と微笑んだ。

第1章　教育における方法と技術ってどんなもの？

問い：
私の友人が「貸さない」と言ったのはなぜでしょうか？　あるいは、思いつい
た「いいこと」とは何でしょうか？　考えてみましょう。

「貸さない」といった理由、思いついた「いいこと」とはどんなものだった
か、想像できただろうか？　ここまでのこの章の流れをみれば、そんなに難し
いことではないだろう。これは筆者の実体験であるから正解はあるが、この場
合正解だけが正解とは限らない。正解以上に素敵な正解もあるだろう。とはい
え、実際にあったその後の展開に話を進めよう。

思いついたいいことについて、友人からなんとか聞き出そうとした筆者だっ
たが、結局その日は聞き出せないまま友人と別れて帰宅した。その数日後、筆
者の家に1通の封書が届いた。封を開けると、中には1枚の葉書が入っている。
宛名はドナルド・エヴァンズ。差出人は平出隆！

筆跡はその友人のものだった。それから数日おきに1通ずつ筆者の家には葉
書の入った封書が届くようになった。

その友人が思いついたいいこととは、その本を貸すのではなく、その本の中
身を葉書にして送ってくれることだったのである。しかもドナルド・エヴァン
ズは切手を描いた画家である。実際に封書を送るのに使われた切手も何かの記
念切手だったりと工夫に富んだものだった。もちろん、葉書や封書自体も意匠
を凝らしたものだった。

1人の詩人がもうこの世にはいない画家に宛てた葉書を自分宛ての手紙とし
て受け取って読むという奇妙な体験を筆者はした。『葉書でドナルド・エヴァ
ンズに』という、葉書をまとめるという形式をとった本を、書籍というかたち
ではなく、文字通り定期的に送られてくる葉書というかたちで読んだのである。

教育における方法・技術とは、単に内容を効率的・効果的に伝えるためのも
のではない。ここまでみてきたように、方法そのものにも教育的意味があるの
である。そして「主体的・対話的で深い学び」という教育観と学び観の二つの

17

大きな転換を含む新学習指導要領が提示したこれからの教育のあり方において、この方法そのものがもつ教育的意味や教育的効果に対する比重はますます大きくなっていくと考えられる。教育の方法と技術に対する理解もそれをふまえたものにしていく必要があるのである。

注
（1）　ファシリテーターとしての教師の役割に関しては、本書第5章並びに『ワークで学ぶ教職概論』第17章を参照。
（2）　それぞれの形容詞の文部科学省の定義は、各答申を参照。
（3）　デヴィッド・ボーム（金井真弓訳）『ダイアローグ——対立から共生へ、議論から対話へ』英治出版、2007年、38頁。

【読書案内】
①齋藤孝『教師＝身体という技術　構え・感知力・技化』世織書房、1997年。
　教育方法に身体という視点を持ち込み、教師にとって必要なのは技術か人間性かという技術主義と人間主義の二項対立を乗り越えようとした試み。人間性という抽象的な言葉に回収されるぎりぎり手前で踏みとどまり、身体をキーワードに、それを具体的な技術として抽出し、方法として提示している。

参考文献
デヴィッド・ボーム（金井真弓訳）『ダイアローグ——対立から共生へ、議論から対話へ』英治出版、2007年。(Bohm, D., L., *On Dialogue*, edited by Nichol, L., Routledge, 1996)
平出隆『葉書でドナルド・エヴァンズに』作品社、2001年。
井上哲次郎『改訂増補　哲学字彙』東洋館書店、1884年。
新村出編『広辞苑』（第六版）岩波書店、2008年。

（小室弘毅）

第2章
教育の方法にも歴史があるの？
近代日本の教育方法の歴史

1．いままで経験してきた授業を振り返ってみよう

　小学校から当たり前に受けてきた授業にも、それぞれの授業の様式には歴史
がある。本章で教育の方法の歴史を学ぶにあたって、いままで経験してきた授
業を振り返ってみたい。さっそく以下のワークに取り組んでみよう。

```
─── ワーク2−1 ───
3〜4人のグループをつくって、それぞれが小学校・中学校・高校で受けてき
た授業について整理してみましょう。


〈手順〉
1．グループの全員が以下の①・②について話しましょう。
　①　授業の様式（一斉授業、グループ学習など）
　②　授業がどのように進められていたか（教師の説明中心、発表の有無、司
　　会の有無、グループの人数など）
2．1で出された授業をグループ分けするなどして整理しましょう。
3．グループ分けしたそれぞれの授業のあり方について、どのような目的で行
　われていたのかを考えましょう。
```

　先生が板書して、生徒はノートに写す授業。教科書やプリントをもとに、教
師が解説を加えていく授業。グループで調べたことをまとめて発表する授業。
グループで難しい課題に取り組み解決していく授業。それぞれが経験した授業
の方法は、小学校、中学校、高等学校の違いも含めてさまざまあっただろう。
それでは、教育の方法に焦点を当てて、近代日本の教育史の展開を確認してい
こう。

19

2．一斉授業の成立と展開

　日本の近代学校制度は、1872年の「学制」発布を出発点とする。その序文にあたる「学事奨励ニ関スル仰出書」に示された教育理念は、「**国民皆学**」と「**普通教育**」であった。近世の教育は、藩校、寺子屋、私塾など身分によって異なる教育機関で行われ、さらには、必ずしもすべての子どもが教育を受けているわけではなかった。そのため、学制では、身分を問わずすべての子どもが学校へ通い（＝国民皆学）、社会で生活するために必要な基礎的知識・技能を学ぶこと（＝普通教育）が目指された。

　学制が公布された年に東京に設立された師範学校で、アメリカから招かれたスコット（Scott, M.M., 1843-1922）が、**ペスタロッチ主義**の教授法（＝実物や掛図を活用し、問答を行う「開発主義」の教授法）による一斉授業を実演した。それを記録した『小学教師必携』（諸葛信澄著、1873年）を模倣するかたちで、ペスタロッチ主義の一斉授業が全国の学校に普及した。同書には、「教場に在りて、教師の座位は、床板より五六寸許高く構へて、全室の生徒を査看するに便なるを要す」など教室環境に関することや、初等小学の「読物」「算術」「習字」「書取」「作文」「問答」「復読」「体操」の授業の進め方などが、具体的に示されている[1]。また、師範学校の教授法解説書に示された図2-1には、当時の教室の様子が描かれている。

　1887年にドイツから招かれたハウスクネヒト（Hausknecht, E., 1853-1927）は文部省顧問となり、東京帝国大学でヘルバルト教育学を講じた。ハウスクネヒトによる**ヘルバルト主義**の教授理論の導入で、一斉授業の様式は定型化される。

　とりわけ、ハウスクネヒトに学んだ谷本富（1867-1946）が出版した『実用教育学及び教授法』（1894年）や『科学的教育学講義』（1894年）によって、ヘルバルト派の考えや実践方法は全国へ広まった。具体的には、ヘルバルト派のツィラーやラインの「五段階教授法」（ラインの五段階は「予備・提示・比較・概括・応用」）が普及し、授業の定型化が進んだ[2]。その後、この五段階教授法は変容し、現在の授業展開の基本的枠組みである「導入・展開・まとめ」に至っている。

第 2 章　教育の方法にも歴史があるの？

図 2-1　明治時代の教室①
出所）田中義廉・諸葛信澄閲『師範学校小学教授法』雄風舎、1873 年。

　日本に普及したヘルバルト主義の特徴は、教科教育の中核を訓育に求める「教育（訓育）的教授」と、興味の連合の過程を基礎に授業を段階的に構成する「形式的段階」の二つにある。そして、ドイツ帝国（プロイセン）の憲法を範とした 1889 年の大日本帝国憲法の発布、翌年の「教育ニ関スル勅語（教育勅語）」の発布と連動し、天皇に忠実な「臣民」の教育に寄与することになった。
　また、1900 年公布の第三次小学校令で、従来の読書・作文・習字を統合した「国語科」が誕生したことにも注目したい。これにより、近代日本の教育は、「**臣民教育**」に加えて、国民国家における「国民」の教育も同時に推進することになったのである[3]。歴史的背景を含め、「**国民教育**」に関して若干の補足をしておこう。
　明治政府は、内閣制度の発足（1885 年）に加え、大日本帝国憲法の発布によって近代国家としての体裁を整えた。その後、外交面では、第一議会で山県有朋が「外交政略論」で示した「主権線」「利益線」の防衛を目標に据える一

21

図 2-2　明治時代の教室②
出所）東久世通禧『校訂　尋常小學修身書　巻一』国光社、1892 年（海後宗臣編『日本教科書体系　近代編第二巻　修身（二）』講談社、1964 年）。

　方で、幕末以来の懸案だった不平等条約の改正交渉において、不凍港を求めたロシアの南下政策を背景に日英通商航海条約を締結し、日清戦争の開戦に至った。その結果、講和条約である下関条約によって、日本は台湾などの領有権を得ることになった。
　しかし、近代国家として後進国である日本が、このような状況下で急速な近代化を進めるためには、国民国家を構成する「国民」の創出が急務であった。国民国家は中央集権的な均質空間によって構成されるため、誰もが最低限の均質な知識と理解をもっている必要がある。その中心的な役割を担ったのが言葉の教育であった。出身地が異なる者同士が方言で語りあっては意思疎通が困難なため、「国語」（いわゆる標準語）の創出が不可欠だったのである。この言葉

第 2 章　教育の方法にも歴史があるの？

図 2-3　明治時代の教室③
出所）文部省『尋常小學修身書　巻一　児童用』1910 年（海後宗臣編『日本教科書体系　近代編第三巻　修身（三）』講談社、1962 年）。

の問題は、かねてから検討され準備されており、外交面の展開と時期を同じくして整えられることになった[4]。それが第三次小学校令における「国語科」の設置である。

　それでは、以上をふまえ、図 2-2 と図 2-3 を参照して以下のワークに取り組んでみよう。

── ワーク 2-2 ──
図 2-2 と図 2-3 をみて、教師と生徒の関係の特徴を考えましょう。また、図 2-2 と図 2-3 の教壇を比較して、一斉授業を成立させるための工夫を考えましょう。

　図 2-2 と図 2-3 には一斉授業の様子が描かれている。まず、図 2-2 に「センセイ（先生）／ホウユウ（朋友）」と書かれていることに注目してみよう。先生が教壇上に立ち、生徒は整然と並んで先生と向かいあうかたちで座ってい

る。そして、先生は教科書を読み上げ、生徒は教科書を目で追っている。教卓は描かれていない。江戸時代には武士・百姓・町人などの身分制があったことを考えれば、この教室は、「センセイ」と、身分を問わない「ホウユウ」（＝友だち）によって構成されていることがわかる。また、先生と生徒が対面していることから、お互いが**「見る－見られる」関係**になっている。この関係は、近代的な「支配－被支配」の関係である。

　そこで、先生が立っている教壇に注目してみよう。図2-2の教壇は、黒板の幅が狭いこともあるが、教師1人が立てるだけの大きさになっている。生徒が教師の説明を聞くだけなら、教師が前に立っていれば十分で、教壇はとくに必要ないだろう。しかし、あえて教壇があるわけだから、話し手の顔がよく見えるという利点以外にも、それなりの意味があるのだろう。封建的身分制は解体されたとはいえ、あらゆる階層の人びとが集まる学校では、教師と生徒の明確な上下関係を物理的に示す必要があったと考えられる。

　ここで、歴史からは離れるが、近代的な関係としての「見る－見られる」関係について説明しておこう。この関係を理解するには、「一望監視装置（**パノプティコン**）」というモデルが参考になる。パノプティコンは、功利主義を唱えたイギリスの哲学者ベンサム（Bentham, J., 1748-1832）が考案した監獄の建築様式で、フランスの哲学者フーコー（Foucault, M., 1926-1984）が『監獄の誕生——監視と処罰』（田村俶訳、新潮社、1977年）で紹介し、広く知られるようになった[5]。

　図2-4のように、パノプティコンとは、独房を円状に配置し、中心に面した一面を鉄格子とするドーナツ状の平面の各階を積み重ね、中庭のようになった中央に監視塔を建てるという建築様式である。重要なことは、監視塔の壁にあけられた監視窓が細かいスリット上になっており、監視員からは独房の中をはっきり見ることができるが、独房からは監視塔の中がはっきりと見えないことである。すなわち、囚人たちにとっては、監視員に見られていることはわかるが、いつ見られているかがわからないのである。そのため、囚人たちは脱獄を諦めることはもちろんのこと、監獄内での規則を守らざるをえなくなる。このように「見られている」という意識が囚人に植え付けられることによって、守るべき規範が内面化され、自ら行動を律するようになっていく。フーコーは、

第2章　教育の方法にも歴史があるの？

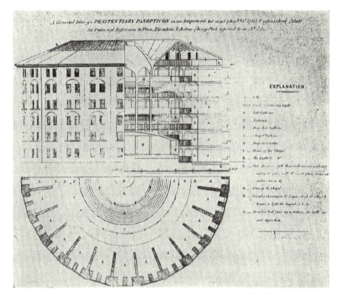

図2-4　パノプティコン（一望監視装置）の建築様式
出所）フーコー（田村俶訳）『監獄の誕生——監視と処罰』新潮社、1977年、扉絵。

このように内面化された規範を「規律」と呼び、生の権力が作動するメカニズムだと説明した[6]。

　このパノプティコンに象徴される「見る−見られる」関係は、規律訓練の方法として、近代の学校や軍隊・工場において応用された。図2-2にある明治期当初の教壇は、物理的に上下関係を示すとともに、学習における規律訓練の装置としての役割を果たしたと考えることができるのである。

　他方で、図2-3では、黒板に絵が掛けられ、教壇上に立った先生が指示棒で絵を指して説明をしている。教壇に着目すると、幅が広くなった黒板にあわせて、教壇の幅も横に広がっている。図2-2の「見る−見られる」関係を残しつつも、後ろに座る生徒にも黒板を見えやすくするといった実利的な面が反映されている。また、先生と生徒の間には教卓があり、先生に必要なものが置かれている。以上のことから、図2-3に示された教室には、効率よく伝達するための環境が整っていると考えられる。この教科書が1910年に出版されたことをふまえると、この時点ですでにヘルバルト主義が普及し、現在に通じる

25

教室イメージが普及していたと考えてよいだろう。

3．大正自由教育――子どもを中心とした教育改造の試み

　19 世紀末から 20 世紀初頭にかけて、世界的に**新教育運動**と呼ばれる教育改造の試みが起こった。日本では、1900 年前後から同様の主張や試みがあるものの、本格化するのは 1910 年代からであった。私立の実験学校や各地の師範学校附属小学校において、さまざまな実践が展開された。それらに共通しているのは、従来の一斉授業を画一的だと批判したことである。一斉授業を注入主義で他律的（＝受動的）な学習として批判し、自律的（＝能動的）な学習を構想するための進歩的な教育改造の動きであった。

　日本における教育改造の試みの本格化は、大正デモクラシーと関係が深いと考えてよい。1900 年代の日本は、日露戦争の経験とともに第二次産業革命が進展し、資本主義化が進行した。その一方で、社会運動の勃興と社会主義の組織化も進行しつつあった。そして、1912 年に明治天皇が崩御すると、乃木希典の殉死に象徴されるように、「明治」という大きな時代が終わった。ちょうどその頃、美濃部達吉（1873-1948）が『憲法講話』によって天皇機関説を唱えており、新たな時代に対する国民の政治的関心も高まった。

　その後、第一次世界大戦が勃発し、日本が日英同盟を理由に参戦すると、大きな変化があらわれてくる。政治面では、1916 年に吉野作造（1878-1933）が「民本主義」を提唱したことや、1918 年に本格的政党内閣として原敬内閣が誕生したことがある。経済面では、大戦景気によって債務国から債権国へ転じ、（船）成金が跋扈するほどの好景気になった。教育面では、都市化が進み都市中間層が増加したため、原敬内閣は高等教育の拡充を図っている。このような時代背景のもと、1910 年代以降に展開した教育改造運動を総称して、**大正自由教育**あるいは大正新教育と呼んでいる。

　1911 年に最初の私立の実験学校として帝国小学校が設立され、翌年には中村春二（1877-1924）が成蹊実務学校を創立した。その後、このような改造運動は私立にとどまらず、全国の師範学校の附属小学校を基盤として推進された。たとえば、明石師範学校附属小学校の及川平治（1875-1939）は「分団式動的教

第 2 章　教育の方法にも歴史があるの？

育法」という能力別のグループ編成を推進し、千葉師範学校附属小学校の手塚岸衛 (1880-1936) は「自学自習」の教育を展開した。

　こうした大正自由教育は、文部官僚も務めた澤柳政太郎 (1865-1927) の成城小学校創設を契機に、新たな段階へ発展する。成城小学校は「創設趣意書」において「個性尊重の教育」「自然に親しむ教育」「心情の教育」「科学的研究を基とする教育」という 4 項目を掲げた。このうち「科学的研究を基とする教育」は、それまでの実験学校と一線を画す重要なものであった。同校の実践に対して影響が大きかったのは、パーカーストの提唱する「ドルトン・プラン」を導入し、「アサインメント」と呼ばれる進度表によって学習の個別化を推進したことである。その後、ドルトン・プランの紹介者で成城小学校に勤務していた赤井米吉 (1887-1974) らが創立した明星学園や、熊本師範学校附属小学校などへ実践が広がった。

　池袋児童の村小学校 (1924 年創設) も、大正自由教育において重要な意義をもっている。同校は、子ども中心主義に立ち、教科や時間割の枠にとらわれず、子ども自身がカリキュラムや時間割などを決定できる学校であった。同校の野村芳兵衛 (1896-1986) が「独自学習」「相互学習」「講座」による時間割を構想したことは注目に値する。また、同校で、教師の一人称の語りによる子どもの固有名が登場する物語形式の実践記録の様式が生まれたことは、教師の学びにおいて重要な転機となった[7]。

　奈良女子高等師範学校附属小学校では、同校の第二代主事として赴任した木下竹次 (1872-1946) が、日常生活と学習は「混然一体」としているという「学習即生活」という主張のもと、「自律的学習」を推進した。同校は初代主事の眞田幸憲の時代から分団教授を行ってきたが、木下はデューイ (Dewey, J., 1859-1952) をはじめとする進歩主義の理論などを背景に、同校の実践を大幅に刷新した。

　木下は『学習原論』(1923 年、目黒書店) を出版し、「奈良の学習法」と呼ばれる学習法を示した。その学習法は、独自学習→相互学習→独自学習の三段階を学習の基本的な順序とし、学習の個別化と協同化を重視している。同校では、時代を先取りするかのように、グループ学習やコの字型の座席配置が行われていた。たとえば、図 2-5 の写真にあるように、相互学習の際に机をコの字に

27

国語〈相互学習〉

地理〈相互学習〉

図2-5 奈良女子高等師範学校附属小学校の授業風景
出所）「戦前の学習（二）」『わが校百年の教育』奈良女子大学附属小学校、2012年、扉写真。

配置して、学びを深めている様子がみてとれるだろう。

また、木下は「学習課程（カリキュラム）」の研究も推進し、学習環境を整備し学習環境から題材を選択する「合科学習」を展開した。この合科学習は、現在の生活科や総合的な学習の時間に影響を与えている。

本章では、大正自由教育のすべてを扱うことができないので、大正自由教育を語るうえで欠かせない「八大教育主張」を紹介しておこう。1921年8月に8日間にわたって、東京高等師範学校附属小学校講堂で「八大教育主張講演会」が開催された。その論者と主張は、及川平治（分団式動的教育法）、稲毛金七（創造教育論）、樋口長市（自学教育論）、手塚岸衛（自由教育論）、片上伸（文芸教育論）、千葉命吉（一切衝動皆満足論）、河野清丸（自動教育論）、小原國芳（全人教育論）である。興味がある人は調べてみるとよいだろう。

4．昭和初期の教育

生活綴方教育

　1920 年代の日本は、戦後恐慌、震災恐慌、金融恐慌とたびかさなる恐慌を経験した。そして、1929 年の世界恐慌の影響から昭和恐慌に陥り、失業者が増大した。さらに、1931 年には東北・北海道の米の大凶作から農業恐慌が起こり、都市からの帰農者の流入も重なって、農村の生活は困窮を極めた。

　このような時代背景のもと、子どもたちに生活の事実を直視させ、生活のなかで感じたり考えたりしたことを自分の言葉で綴らせ、教室で討論し、厳しい生活現実に立ち向かう認識を育てる実践が行われた。これを**生活綴方教育**と呼んでいる。

　この生活綴方教育は、大正初期に芦田惠之助（1873-1951）が実践した自由選題（子どもたちに自由な題材で文章を綴らせる方法）や、1918 年に鈴木三重吉（1882-1936）が創刊した『赤い鳥』によって推進された「ありのまま綴方」の文章表現指導を、批判的に継承しようとする教師たちによって推進された。

　小砂丘忠義（1897-1937）らが編集した『綴方生活』（1929 年創刊）は中央機関誌としての役割を果たし、秋田の佐々木昂（1906-1944）や山形の村山俊太郎（1905-1948）、鳥取の峰地光重（1890-1968）の実践など、全国各地に広がった。しかし、これらの生活綴方教育は、1940 年に村山俊太郎らが検挙された事件を機に弾圧されることになった。

戦時下の教育

　日本は満州事変を機に戦時体制へ移行する。1935 年に、貴族院で美濃部達吉の天皇機関説が国体に反するとして問題視され（天皇機関説問題）、岡田啓介内閣は国体明徴声明を出し、美濃部の天皇機関説を否認した。その後、1937 年に文部省は『国体の本義』を編纂し、戦時下の教育がいよいよ本格的に進められることになる。

　そして、1941 年の国民学校令で小学校は国民学校に改称され、「**皇国民錬成**」のための教育内容と方法へ転換された。この時期に「錬成」という言葉の

もとに行われた、身体を動員することで思想を内面化していく教育方法は、とりわけデメリットに焦点を当てて今後明らかにすべき重要な課題である。

5．戦後新教育と教育改革——学習指導要領の変遷に焦点を当てて

　第二次世界大戦後の日本は民主主義の教育を目指し、日本国憲法、教育基本法、学校教育法にもとづいて戦後新教育がはじまった。そして、1947年に文部省は、各学校が独自にカリキュラムを編成する「手引き」として「学習指導要領（試案）」を作成した。この「学習指導要領（試案）」はアメリカのヴァージニア州などのコース・オブ・スタディをモデルにしており、新設された社会科をコアとするカリキュラム開発が進められた。そして、**「生活単元学習」**や**「問題解決学習」**という、経験による学びを中心とした授業改革が模索される。一方で、学力低下への懸念から**「はいまわる経験主義」**と批判されることもあったが、多様な実践が展開された。

　しかし、1958年に全面改訂された学習指導要領は、官報による「告示」として出され、法的拘束力をもつ国家基準となった。そのため教師の自律性は制限された。また、1957年に旧ソ連が初の人工衛星の打ち上げに成功した（スプートニク・ショック）ことを受け、1960年代になると、急速な科学技術の進歩に対応するために教育内容の**「現代化」**が推進され、民間教育研究団体が中心となって遠山啓（1909-1979）の「水道方式」や板倉聖宣（1930-2018）の「仮説実験授業」などが提唱された。そして、1968年改訂の学習指導要領では現代の科学や数学の成果を取り入れた濃密なカリキュラムが示されたことで、「落ちこぼれ」や学力格差が生まれ、授業の進度が速すぎることに対して「新幹線授業」という批判がなされた。

　以上の拙速な現代化に対する反省から、1977年改訂の学習指導要領では各教科内容の精選と授業時間の削減が行われ、**「ゆとり」**をキーワードとした改革が進められた。1989年改訂の学習指導要領では、個性や多様性を重視するとともに、思考力や問題解決能力（いわゆる「新学力観」）の育成がうたわれた。また、このときに、小学校1・2年生の理科・社会は廃止されて生活科が誕生し、高等学校社会科は地理歴史科と公民科に分割されている。1998年改

訂の学習指導要領では「**生きる力**」の育成が示されることに加え、あらためて「ゆとり」が必要だとされた。また、「総合的な学習の時間」が小・中・高に設けられ、学校は完全週5日制となった。

　21世紀に入ってからは、グローバル化と知識基盤社会が進むなか、国際的な課題に対応するかたちで教育改革や授業改革が進行している。たとえばOECD（経済協力開発機構）の国際学習到達度調査（PISA）は、その指針を示しているといえるだろう。2007年から全国の小・中学校（小6・中3）対象にはじまった全国学力・学習状況調査は、その一環である。そして、2017年告示の学習指導要領では、「**主体的・対話的で深い学び**」が示された。学習指導要領が学び方や教育の方法まで踏み込んで提示してきたのは、国際的な課題へ対応するためであるといえるだろう。

注
（1）　本稿では、国立国会図書館デジタルコレクションに収録されている、諸葛信澄『小学教師必携』煙雨楼蔵版、1875年を参照した。国立国会図書館のホームページで閲覧できるので、ぜひ読んでもらいたい。
（2）　明治期における授業の定型化の詳細については、稲垣忠彦『増補版　明治教授理論史研究　公教育教授定型の形成』評論社、1995年、を参照のこと。
（3）　なお、第三次小学校令では、授業料無償制が整えられたことで義務教育制度が確立した。その結果、義務教育が6年間に延長された1907年には、就学率が98％に到達している。
（4）　上田万年（安田敏朗監修）『国語のため』平凡社、2011年、イ・ヨンスク『「国語」という思想――近代日本の言語認識』岩波現代文庫、2012年、を参照のこと。また、方言同士のコミュニケーションの難しさについては、井上ひさし『新版　國語元年』新潮文庫、2017年、が、イメージをもつには参考になる。
（5）　近代の学校装置としてのパノプティコンに関しては、本書と同シリーズの『ワークで学ぶ教育学』ナカニシヤ出版、2015年、33-41頁、で詳述されている。

（6） フーコーに関しては多くの解説書が出ているが、パノプティコンや生権力の理
解に関しては、次の二冊がフーコーの全体像も含めて、理解しやすいであろう。
貫成人『フーコー――主体という夢：生の権力』青灯社、2007 年、リディア・
アリックス・フィンリガム（栗原仁・慎改康之編訳）『フーコー』ちくま学芸文
庫、2011 年。
（7） 浅井幸子『教師の語りと新教育――「児童の村」の 1920 年代』東京大学出版
会、2008 年、を参照のこと。

【読書案内】
①海後宗臣・仲新・寺崎昌男『教科書でみる　近現代日本の教育』東京書籍、1999 年。
　書名のとおり、明治から現代までの教科書を通して、近現代の教育を概観すること
ができる。教育史の入門書としてすぐれた一冊である。
②中野光『学校改革の史的原像――「大正自由教育」の系譜をたどって』黎明書房、
2008 年。
　学校改革という視点から 1930 年代までの大正自由教育の系譜を詳細に叙述してい
る。大正自由教育の基本文献に同じ著者の『大正自由教育の研究』黎明書房、1968
年があるが、残念なことに絶版のため、本書を読むことを勧めたい。

参考文献
海後宗臣・仲新・寺崎昌男『教科書でみる　近現代日本の教育』東京書籍、1999 年。
斉藤利彦・佐藤学編『新版　近現代教育史』学文社、2016 年。
佐藤秀夫『新訂　教育の歴史』放送大学教育振興会、2000 年。
佐藤学『教育の方法』左右社、2010 年。
田中耕治編『戦後日本教育方法論史（上）カリキュラムと授業をめぐる理論的系譜』
　　ミネルヴァ書房、2017 年。
中野光『大正自由教育の研究』黎明書房、1968 年。
橋本美保・田中智志編著『大正新教育の思想――生命の躍動』東信堂、2015 年。

（齋藤智哉）

第3章

授業づくりにも発達論の理解は必要なの？

発達論から「主体的・対話的で深い学び」を理解する

1．発達論にもとづいた授業——学びと発達の関係

　いかなる学び、授業であってもなんらかの発達観に依拠している。学び観や、授業観の違いは、依拠している発達観の違いを意味している。依拠している発達観を考慮せず、一斉授業、アクティブ・ラーニングといった学びの違いを議論することは、木を見て森を見ずの議論になってしまうだろう。そして、授業を実践する際にも、依拠している発達観の理解があることによって、有意味に実践されるのではなかろうか。

　ところで、まず**発達**とは何か？というそもそもの議論が出てきそうである。発達とは何かをめぐっても議論はあるのだが、ここではなんらかの変容ととらえておこう。ただし、その変容は個人の変容に限定されるのではなく、個人が属している集団の変容や、同じく個人が属している文化の変容も意味する。さらには、その変容とは、必ずしも社会、文化、歴史的によいとされている方向の変容だけを意味するのではない。個人や社会、文化になんらかの変容が生じれば、それは発達が生じたことになる。

　新たに改訂された学習指導要領では、「主体的・対話的で深い学び」という学び観がうたわれた。「主体的な学び」とは、学ぶことに興味や関心をもって、自分の将来と関連づけながら、見通しをもって行う学びである。「対話的な学び」とは、子ども同士の協同や地域の大人たちとの**対話**や、テキストにおける先哲との**対話**を通しての学びである。そして、「深い学び」とは、習得・活用・探究という学びの過程において、知識を相互に関連づけ、問題を見出し、その解決にあたろうとする学びである。「主体的・対話的で深い学び」として学び観、授業観が変化したことは、依拠している発達観が変化したことを意味

している。この発達観の変化に大きく影響しているのが**ヴィゴツキー**の発達観である。ヴィゴツキー（Vygotsky, L.S., 1896-1934）とピアジェ（Piaget, J., 1896-1980）は、同じ年に生まれながら、その発達に関する考え方とその評価は異なっている。ピアジェは、20世紀の最も功績のあった心理学者と評されるとおり、多くの分野に影響を与えた。それに対して、ヴィゴツキーは、東西冷戦下のソビエトの学者、そして早逝ゆえのその論の未完成さなども起因し、従来あまり顧みられず、評価されることもなかった。

しかし、「心理学のルネサンス」と呼ばれる事態が1990年頃にはじまる。それは、ヴィゴツキー理論のアメリカやヨーロッパにおける再評価であった。ヴィゴツキーは、一貫して「心理学者が見向きもしなかった石」へ目を向けようとした心理学者であった。「心理学のルネサンス」において、「心理学者が見向きもしなかった石」そのものであったヴィゴツキーに目が向けられるようになった。

「主体的・対話的で深い学び」が依拠している発達観も、この「心理学のルネサンス」以降の流れを汲んでいる。「主体的・対話的で深い学び」が依拠する発達観を明らかにするにあたり、「心理学のルネサンス」がいかに革新的であったのかをピアジェとヴィゴツキーの発達論の違いを明らかにしていくことで概観してみよう。

2. 「主体的な学び」とは何か──発達を決める要因

あたかもRPG（ロール・プレイング・ゲーム）のキャラクターがレベルアップするごとに、能力を増していくかのように、発達は、段階としてとらえられることが多い。発達を決める要因、すなわち、何がきっかけで発達が生じるのかをピアジェとヴィゴツキーの考え方を比較しながら考えていこう。

ピアジェの「思考発達段階説」

この発達段階という考え方の

多くは、年齢と結びついている。発達を年齢と結びつけて段階的にとらえようとしたのがピアジェであった。ピアジェの「思考発達段階説[1]」は、「感覚運動期」、「前操作期」、「具体的操作期」、「形式的操作期」という四つの段階からなる。「感覚運動期」は、0歳から2歳くらいまでの時期の段階である。この段階の特徴は、1歳後半くらいから思考の芽生えはみられるものの、基本的に条件反射レベルの認知活動の段階である。

次に、2歳から7歳くらいまでが「前操作期」と呼ばれる段階である。この段階の特徴は、「自己中心性」や「保存の概念」の不成立などである。「自己中心性」は、3種の異なった形状と特徴をもつ山の見え方に関する課題である「三ツ山問題[2]」に特徴づけられる。自己を中心とした視点からしか空間認知が行えないといったこの時期の子どもの思考の特徴が「自己中心性」である。また、この段階は、物質の外形や見かけが変わっても、その物質の量や数は変わらないという「保存の概念」がまだ成立していない段階である。

そして7歳から12歳くらいまでの段階である「具体的操作期」になると、先の「自己中心性」という特徴が消失したり、「保存の概念」が成立したりしてくる。さらに、物事を仲間分けして考えたりというカテゴリー的な思考もこの段階からできるようになってくる。さらに、12歳以降の「形式的操作期」では、大人と同様の抽象的な思考が可能となってくる。

ヴィゴツキーの文化・歴史的発達観

一方、ヴィゴツキーは、発達に関してピアジェとは異なる姿を見出した。

ヴィゴツキーは、ルリア[3](Luria, A.R., 1902–1977)とともに1930年代の初頭に中央アジアで調査を行った。ここではたとえば次のような課題が中央アジアの人々に対して課された。この課題をワークとして行ってみよう。

── ワーク3-1 ──

[のこぎり 金鎚 丸太 なた]これら四つのうちから一つ仲間はずれのものを選びましょう。また、その理由も述べてください。

＿＿＿＿＿＿＿＿＿＿＿＿＿＿＿＿＿＿＿＿＿＿＿＿＿＿＿＿＿＿＿＿＿＿

＿＿＿＿＿＿＿＿＿＿＿＿＿＿＿＿＿＿＿＿＿＿＿＿＿＿＿＿＿＿＿＿＿＿

＿＿＿＿＿＿＿＿＿＿＿＿＿＿＿＿＿＿＿＿＿＿＿＿＿＿＿＿＿＿＿＿＿＿

これは、カテゴリー的思考を問う課題であり、ピアジェの思考発達段階説では、具体的操作期、つまり7歳から12歳の段階であれば遂行可能な課題である。ところが、ヴィゴツキーとルリアの調査においては、30代の男性であってもこの課題につまずいてしまう。

被験者である30代の男性は、ヴィゴツキーとルリアの聞き取りに対して次のように答えた。「これらはみな似ている。それらはみんな必要だと思う。ほら、木を切るのにはのこぎりが必要だし、切り割るにはなたがいるし、みんな必要なんだ！」と分類を拒否した。

中央アジアの男性が、発達段階的に劣っているわけではない。文化・歴史的な文脈が、思考過程に影響を与えている。試験や検査に慣れた現代の文化的文脈に立つわれわれは、「仲間はずれを一つ選びなさい」と言われれば、仲間はずれを探そうとする。そして、われわれの文脈からすれば、分類を拒否するという思考は、奇異な思考に思える。しかし、試験や検査に慣れない文脈におかれたらどうであろうか？　すなわち、カテゴリー課題にあらわされるような思考過程は、近代ヨーロッパ的な文化を前提とした思考過程であり、そのような思考過程では他文化を測りえないということである。

年齢に応じた発達段階はあるのか？

このようにヴィゴツキーとルリアは、思考過程の違いが、文化・歴史的な文脈の違いによっても生じることを明らかにした。しかし、文化・歴史的な文脈の違いによって思考過程の違いが生じるといったところで、年齢やある種の段階による思考過程の違いを否定したことにはならない。人類に共通する発達の段階はなくとも、異なった文化・歴史ごとの発達段階があるからである。

年齢と思考過程の違いという点に関して、ヴィゴツキーは十分に探究できたわけではなかった。ところが、1990年代頃から、ピアジェの「思考発達段階説」についての批判的検証が行われるようになった。そのなかでは、ピアジェが描いたような年齢段階に応じるかたちで思考過程の違いが必ずしも生じるわけではないことが明らかとなった。たとえば、「保存概念」についての検証[4]では、その問い方に問題があることがわかった。日常会話では用いないような問いの形式（同じ問いを二度続けるなど）を用いることにより、子どもが混乱

第3章　授業づくりにも発達論の理解は必要なの？

したことが判明した。事実、通常の会話で用いられるような問いの形式で「保存概念」の課題を提示した際には、前操作期の子ども（ピアジェは、具体的操作において「保存の概念」が成立するとした）でも正解することができた。

このような例をみてくると、ピアジェが示したような年齢に応じた発達段階という考え方は、必ずしも妥当な考え方とはいえないのかもしれない。

発達段階と主体的な学び

発達段階を年齢と結びつけて考えないということは、「主体的・対話的で深い学び」という学び観にどのような示唆を与えるだろうか。

発達段階を年齢と結びつけて考えることは、発達を自然発生的にとらえる危険性をはらむ。発達における親や教師の働きかけや、そこで学ぶ内容への考慮がなされにくく、主体性と放任との混同が生じる。反対に、発達を歴史・文化的な文脈上に生じると考えると、こどもの興味や関心は、子どもがおかれている歴史・文化的な文脈上に生じるということになる。すなわち、子どもの興味や関心を理解するためには、子どもたちがおかれている歴史・文化的な文脈を理解することが必要であり、そして、どのような歴史・文化的に意味のあることを学ぼうとしているのかということを考える必要がある。

3．「対話的な学び」とは何か──発達の起源

「対話的な学び」は、子ども同士の協同や、教師や地域の人たちとの対話を意図している。では、なぜ「対話的な学び」が必要なのだろうか。まずは以下のワークに取り組んでみよう。

┌─── **ワーク3-2** ───
│ 3〜4人のグループをつくって、なぜ「対話的な学び」が必要なのかを考えて
│ みましょう。
│ ....
│ ....
│ ....
└

前節で取り上げたヴィゴツキーの発達観と関連が強いのが、この「対話的な学び」であろう。本節では、ヴィゴツキーの発達観における対話についてみていく。

高次心理機能の起源

　ヴィゴツキーは、『文化的－歴史的精神発達の理論[5]』という本のなかで、高次心理機能の発達はどこで起こるのか（起源）ということについて論じている。高次心理機能とは、条件反射などの動物の心理機能とは区別され、随意記憶、抽象的思考などの人間を特徴づける心理機能のことである。言い換えるならば、人は人としていかに発達するのかを探求したのが、この高次心理機能の起源の探求である。

　このなかでヴィゴツキーは、高次心理機能の起源を二つ見出している。一つは、人間の発達が、ハンマーや杖といった道具（物理学的道具）や言語や図といった道具（心理学的道具）を用いた「活動」に起源があるということである[6]。道具を用いた「活動」が人間の発達を特徴づけるという点も、前節でみた歴史・文化的な文脈の発達への影響というヴィゴツキーの発達論に関連づいている。

　そして、もう一つが、人間の発達の起源としての社会的な文脈である。ここでいう社会的な文脈とは、ヴィゴツキーの言葉でいえば「心理間機能（intermental functioning）」であり、人と人とのコミュニケーションや対話、協同を通じて行われる心理機能を意味している。ヴィゴツキーは、「心理間機能」に発達の起源を求め、「心理間機能」が個人内の機能である「心理内機能」へと変化するプロセスを「内化（internalization）」と呼んだ。すなわち、人と人の間でコミュニケーションを介して行われる協同においてできるようになったことが、やがて独力で個人内においてもできるようになるということである。

ことばの発達

　この発達の起源についての考え方でピアジェとヴィゴツキーの違いを顕著にあらわすのが言語の発達についてである。ピアジェもヴィゴツキーも、言葉を

38

第3章 授業づくりにも発達論の理解は必要なの?

三つの形態に分けて考えた。コミュニケーションのために使われる言語を「外言」、反対に思考のために使われ外に表出されることのない言語を「内言」と呼んだ。さらに、誰かとコミュニケーションを取ろうとしているわけではないが、頭のなかで考えていることが、つい口をついて表出してしまうことがある。そのような言語を「自己中心的言語」と呼んだ。それでは、以下のワークに取り組んでみよう。

―― ワーク3-3 ――――――――――――――――――――――
【言葉の発達に関するワーク】
　3〜4人のグループをつくって、「外言」「内言」「自己中心的言語」は、どのような順番で発生するかを考えてみましょう。

　それぞれのグループで、どのような順番を考えただろうか。ピアジェは、言葉の発達を「内言」、「自己中心的言語」、「外言」という順番で考えた。それに対してヴィゴツキーは、「外言」、「自己中心的言語」、「内言」という順番で考えた。つまり、ピアジェは内から外へという流れで発達を考えたのに対し、ヴィゴツキーは、外から中へという流れで発達を考えた。さらに言い換えるならば、ピアジェは、自己から対他へという流れで発達を考えたのに対し、ヴィゴツキーは、対他から自己へという流れで発達を考えたのである。

　この言葉の発達をめぐっては、最終的にヴィゴツキーの考え方が正しいとされている。そして、近年ではトマセロ[7](Tomasello, M., 1950–)が明らかにしたように、相手と意図を共有した注意(「共同注意」)の発達にともなって子どもは、他者とのコミュニケーションや協同の中で語彙だけでなく、文法でさえも習得していっていることが明らかとなっている。

　このように言葉をはじめ高次心理機能は、人と人とのコミュニケーションや協同に発達の起源をもっている。

　このように述べてくると、発達という観点から「対話的な学び」の意義が明らかになるのではなかろうか。ここで、ワーク3-2の内容に、「発達」という観点を加えたワークとして取り組んでみよう。

39

―― ワーク 3-4 ――
【発達の観点からワーク 3-2 に取り組む】
発達という観点から考えると、なぜ「対話的な学び」は必要なのでしょうか。
グループで話し合ってみましょう。

4.「対話的な学び」をいかにつくるか――ヴィゴツキーの発達論と授業実践

　ピアジェの発達論と対比させつつ、ヴィゴツキーの発達論をみてきた。そして、ヴィゴツキーの発達論と「主体的・対話的で深い学び」との関連もみてきた。では、このヴィゴツキーの発達論をもとに「主体的・対話的で深い学び」をいかに実践すればよいのだろうか。「主体的・対話的で深い学び」の実践においてヴィゴツキーの発達論が最も影響を与えるのは、「対話的な学び」であろう。しかし、それは単にグループワークやペアワークを行い、子ども同士のコミュニケーションを授業中に行えばよいということではない。そこでのコミュニケーションや協同の質が問われなければならないだろう。
　そこで、次の二つのワークに取り組んでもらいたい。

―― グループワーク 3-5 ――
① 授業でグループワークを行う際、能力的にどのような組み合わせでグループをつくるのがよいか話し合ってみましょう（たとえば、能力別に能力の似通ったメンバーでグループをつくるなど）。
② グループワークで課題を行う際、課題の難易度はどのように設定すればよいかグループで話し合ってみましょう（たとえば、できない子のレベルにあわせるなど）。

最近接発達領域
　グループワークやペアワークにおける子ども同士のコミュニケーションや協同の質を考えるにあたり、発達という観点から最も示唆に富むのがヴィゴツ

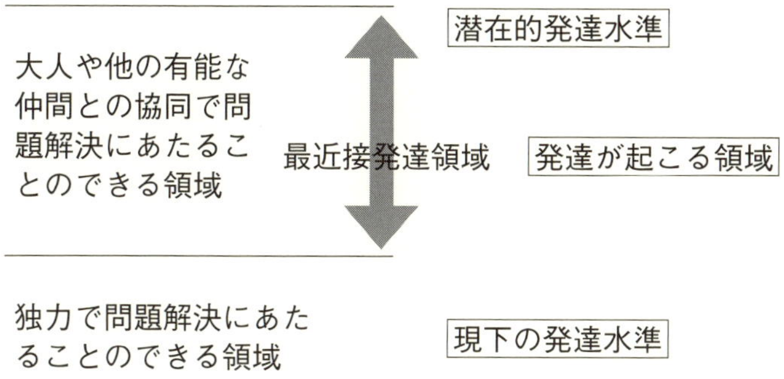

第 3 章　授業づくりにも発達論の理解は必要なの？

```
                          潜在的発達水準

大人や他の有能な
仲間との協同で問
題解決にあたるこ    最近接発達領域    発達が起こる領域
とのできる領域


独力で問題解決にあた
ることのできる領域         現下の発達水準
```

図 3-1　最近接発達領域

出所）筆者作成。

キーの「最近接発達領域（Zone of Proximal Development）」である。「最近接発
達領域」は、ヴィゴツキーの発達理論のなかで最も有名な考え方であると同時
に、最も難解かつ、多様に解釈されてきた考え方である。この「最近接発達領
域」という考え方をもとにグループワークやペアワークのあり方について考え
ていこう。

　「最近接発達領域」とは、発達が生じる領域である。ヴィゴツキーは、「最近
接発達領域」を子どもが独力で問題解決にあたることのできる領域である「現
下の発達水準」と、子どもが大人や他の有能な仲間との協同で問題解決にあた
ることのできる領域である「潜在的発達水準」の間の差異であると説明してい
る[8]。いま子どもが独力で行えていることが発達なのではない。「潜在的発達
水準」は「明日の発達水準」といわれるとおり、大人や他の有能な仲間との協
同においてできることがいずれ独力で行うことのできる水準となるのである。
独力で行うことのできることと大人や他の有能な仲間との協同で行うことので
きることの差が発達していく領域なのである（図 3-1 参照）。

　このことは、本章で発達の起源を学んで来たわれわれには至極あたりまえの
話だろう。心理間という人と人とのコミュニケーションや協同において行われ
ることがやがて心理内という個人のなかへという内化の考え方と基本的に同じ

41

である。「現下の発達水準」は、「心理内機能」と言い換えることができるだろう。そして、「潜在的発達水準」は、「心理間機能」と言い換えることができるだろう。そして、「心理間機能」と「心理内機能」の差を「最近接発達領域」と呼んでいる。

　すこし見方を変えて、「どのような心理機能が内化されるのか？」という視点から「最近接発達領域」を考えてみよう。単に人と人との間で行われている心理機能が内化されるのではない。独力で問題解決可能な「現下の発達水準」にあることについて他者とコミュニケーションしていようと、それが内化されることはない。そうではなく、「潜在的発達水準」、つまり１人ではわからない、できないことについてコミュニケーションし、協同することによって、独力ではできない、協同において遂行される心理機能が内化される。「最近接発達領域」は、子どもにとっては、１人ではできないことへの学びを意味している。

　このようにみてくるとワーク３−５の答えがみえてくるだろう。「最近接発達領域」は、差異の概念である。「現下の発達水準」と「潜在的発達水準」の差異とは、協同するメンバー間の能力的差異と、メンバーのいまもっている能力と与えられた課題が要求する能力との差異を意味している。すなわち、グループは、メンバー間の能力的な差異が必要であり、習熟度別能力編成のようなかたちで能力的に同質なメンバーでグループをつくることは望ましくないといえるだろう。グループのメンバーは、メンバー間の能力の差異を足場としつつ、発達というジャンプを果たす。また、②の「グループワークで課題を行う際、課題の難易度はどのように設定すればよいか」との問いは、メンバーのもっている能力との差異がある課題、すなわち、グループのメンバーの誰も独力では解決できない課題が適しているといえるだろう。

　ところで、ヴィゴツキーは、「最近接発達領域」という概念を、学習のアセスメントの文脈においても使っている(9)。当時は、ビネー（Binet, A., 1857-1911）の知能検査が脚光を浴びていた。知能検査のような能力、学習のアセスメントに対してヴィゴツキーは、「現下の発達水準」をアセスメントしているのであり、それはすでに発達し終わった領域をアセスメントしているにすぎないと批判する。そして、心理学者は、考古学者ではないのだから、いままさに発達しようとしている領域、つまり「潜在的発達水準」をアセスメントすべき

であると主張する。つまり、子どもたちの学びをアセスメントしようとする際、発達をとらえるという観点からすれば、グループワークやペアワークのなかで子どもたちがどのようなコミュニケーションや、協同を行っているかをアセスメントすることが「潜在的発達水準」をアセスメントすることになるのである。

5．発達論は授業づくりに何を示唆するか？

　ヴィゴツキーの発達論とその考え方に影響を受けた発達論は、社会・文化・歴史的アプローチと呼ばれる。「心理間機能」に発達の起源を見出し、道具を用いることや文化・歴史の影響に人間の発達の特異性を見出した点が社会・文化・歴史的である。このことは、子どもの発達において、他者との協同と道具の使用を重視したということであり、21世紀型スキル[10]やキーコンピテンシー[11]などと共通する考え方でもある。そして、21世紀型スキルやキーコンピテンシーの考え方の影響のもとにある新学習指導要領の「主体的・対話的で深い学び」が、社会・文化・歴史的アプローチの考え方と共通する考え方をもつのも当然である。この意味では、「主体的・対話的で深い学び」は、グローバルスタンダードな学びであるといえるかもしれない。

　しかし、「主体的・対話的で深い学び」に脚光が当たり、コミュニケーションや協同といった「対話的」学びが、コミュニケーション能力や協同性を育むための学びと解されることに危惧をもたなければならない。コミュニケーションや協同のなかで学ぶことと、コミュニケーションや協同を学ぶこととは異なる。さらに、効率的なコミュニケーションや協同においてより効率的な発達が生じるというものでもない。効率的なコミュニケーションや協同を望めば望むほど、グループ内の他者性が排除される危険性がある。むしろ、必要なのはコミュニケーションや協同がうまくいきにくい他者からいかに、そして何を学ぶのかという視点なのではなかろうか。

注
（1）　J. ピアジェ（芳賀純訳）『発生的認識論——科学的知識の発達心理学』評論社、
　　　1972年。

（2） 三ツ山問題とは、以下の図のように三つの異なる山を、たとえば左側、右側といったように異なる視点から描かせることを課題とする問題。

（3） A.R. ルリア（森岡修一訳）『認識の史的発達』明治図書、1976年。
（4） 例えば、M. シーガル（鈴木敦子訳）『子どもは誤解されている——発達の神話に隠された能力』新曜社、1993年。
（5） L.S. ヴィゴツキー（柴田義松監訳）『文化的‐歴史的精神発達の理論』学文社、2004年。
（6） 詳しくは、第7章を参照のこと。
（7） M. トマセロ（辻幸夫ほか訳）『ことばをつくる——言語習得の認知言語学的アプローチ』慶応義塾大学出版会、2008年。
（8） L.S. ヴィゴツキー（土井捷三ほか訳）『「最近接発達領域」の理論——教授・学習過程における子どもの発達』三学出版、2004年。
（9） L.S. ヴィゴツキー（柴田義松訳）『思考と言語』新読書社、2001年。
（10） ATC21sが提唱する「思考の方法」、「仕事の方法」、「仕事のツール」、「社会生活」という四つのカテゴリーからなる学力観。このなかで「仕事の方法」では、IT機器を用いた学びが、そして「仕事のツール」では、コラボレーション（協同）による学びが意識されている。詳しくは、P. グリフィンら（三宅なほみ監訳）『21世紀型スキル——学びと評価の新たな形』北大路書房、2014年。
（11） OECDが提唱する能力で、「社会・文化的、技術的ツールを相互作用的に活用する能力（個人と社会との相互関係）」、「多様な社会グループにおける人間関係形成能力（自己と他者との相互関係）」、「自律的に行動する能力（個人の自律性と主体性）」という三つのカテゴリーからなる。詳しくは、文部科学省HP（http://www.mext.go.jp/b_menu/shingi/chukyo/chukyo3/004/siryo/attach/1399302.htm）。

【読書案内】
① **L.S. ヴィゴツキー（柴田義松訳）『思考と言語』**新読書社、2001年。
　ヴィゴツキーの最晩年の著作。本章で述べたヴィゴツキーの考え方のほぼすべてがこの著作のなかに網羅されている。同じ訳者による1961年の明治図書版の『思考と言語』もあるが、一部誤訳があり、2001年版を読むことを勧める。

②佐伯胖『「学ぶ」ということの意味』岩波書店、1995 年。

　2 章で、「最近接発達領域」を佐伯流に解釈し、「学びのドーナッツ理論」として定式化し直している。この「学びのドーナッツ理論」は、単に何かがわかるとかできるという次元だけではなく、その次元と同時に自我の形成の側面も視野に入れた考え方である。

③J. レイヴ＆ E. ウェンガー（佐伯胖訳）『状況に埋め込まれた学習――正統的周辺参加』産業図書、1993 年。

　伝統的な仕立て屋における徒弟制の学びなどを分析することによって、学びを実践共同体への参加として描き直し、発達を周辺から中心へという参加の仕方の変化として描き直す。この描き直しによって、何ができる、わかるという次元、人間関係のつむぎ直しの次元、そしてアイデンティティの編み直しの次元という三つの次元で学びをとらえる視点を提供した。

（長澤貴）

第4章
リフレクションって何をするの？
反省的実践家としての教師と省察

1．教師は何の専門家？

　教師の仕事ほど、実際の職務内容と世間のイメージが乖離している仕事はないかもしれない。「教師は誰にでもできそうな仕事か？」と問われたら、おそらく多くの人は「できない」と答えるだろう。それでもなお、教師という仕事は、なんとなく「誰にでもできそうな仕事」としてとらえられている。

　教師という存在は、子どもたちにとって、少なくとも小学校入学時から最も身近に存在する親以外の大人である。この事実だけみても、教職が果たす公共的使命の大きさが理解できる。子どもは、学校という場所で一日の大半を生活し、教師の仕事に誰よりも間近で接している。そして、子どもたちのなかには、出会った教師の影響を受けて教師を目指す者もいる。あるいは、友だちに教えた経験が自信につながったり、教えることに面白さとやりがいを感じたりして、教師を目指す者もいる。たとえ教師を目指さなくても、多くの人にとって教師という仕事は身近であったからこそ、「誰にでもできそうな仕事」なのかもしれない。しかし、教師は教育の専門家であり、教職は専門職である。

　専門家という言葉には二つの意味がある。一つは**プロフェッショナル**を意味し、もう一つは**スペシャリスト**を意味する。教師は前者のプロフェッショナルに含まれている。

　専門家（professional）の語源は「神の宣託（profess）」にあり、神から使命の委託を受けた者を意味した。最初は牧師、その次に大学教授、裁判官、医者、そして最後に教師がプロフェッショナルと呼ばれるようになった。これは中世ヨーロッパの伝統であるが、近代社会の成立によって変化した部分もある。しかし、グローバル化が進んだ現在においても、それぞれが公共的使命によって

第4章　リフレクションって何をするの？

遂行される仕事に変わりはなく、高度な知性が要求されることも変わらない。それは日本でも同様である。

　それでは、プロフェッショナルである教師は、いかなる専門家なのだろうか。20 世紀の工業化社会や産業主義社会では知識の量と理解が重視され、教師は**「教えの専門家」**としての役割を果たしてきた。教師には、知識を効率よく伝達し理解させる技術と役割が求められていたからである。しかし、知識基盤社会になった 21 世紀では、教師は「教えの専門家」であるだけでは社会の変化に対応しきれない。現在の教師の仕事は複雑で、高度な見識と判断を必要とする。専門家としての教師像は、時代状況に応じて更新されなければならない。

2．「学びの専門家」としての教師

　2012 年 8 月に中央教育審議会から「教職生活の全体を通じた教員の資質能力の総合的な向上方策について（答申）」が出され、「学び続ける教員像」が提言された。この答申は、教師の専門家像を、「教えの専門家」から**「学びの専門家」**へ転換させる重要な画期となった。

　本答申は、「教職生活全体を通じて、実践的指導力等を高めるとともに、社会の急速な進展の中で、知識・技能の絶えざる刷新が必要であることから、教員が探究力を持ち、学び続ける存在であることが不可欠である（「学び続ける教員像」の確立）」ことを示し、「専門職としての高度な知識・技能」に関して、以下のことを留意事項とした（同答申 2 頁）。

　　・教科や教職に関する高度な専門的知識（グローバル化、情報化、特別支
　　　援教育その他の新たな課題に対応できる知識・技能を含む）
　　・新たな学びを展開できる実践的指導力（基礎的・基本的な知識・技能の
　　　習得に加え思考力・判断力・表現力等を育成するため、知識・技能を活
　　　用する学習活動や課題探究型の学習、協働的学びなどをデザインできる
　　　指導力）

　ここでは、教師は高度な専門的知識を学び、なおかつ「新たな学びを展開で

47

きる実践的指導力」が求められている。括弧内に示された実践的指導力の具体的な内容に、従来の学習指導要領にはなかった「**協働的学び**」が加わったことの意義は大きい。「知識・技能を活用する学習活動や課題探究型の学習」は個人でも実現可能であるのに対し、「協働的学び」は他者との対話が不可欠だからである。なお、「**協同（働）的学び**」「**アクティブ・ラーニング**」「**主体的・対話的で深い学び**」については、第6章で取り上げる。

　さらに、2015年12月に中央教育審議会から「これからの学校教育を担う教員の資質能力の向上について──学び合い、高め合う教員育成コミュニティの構築に向けて（答申）」が出された。この答申では、教員の養成・採用・研修の一体的改革を実施するため、校内研修を中核とした研修やキャリアステージに応じた研修の体系が示された。そのうち「学び続ける教師」に関する部分を確認しよう。

　　各教科等の指導に関する専門的知識を備えた教えの専門家としての側面や、教科等を越えたカリキュラム・マネジメントのために必要な力、アクティブ・ラーニングの視点から学習・指導方法を改善していくために必要な力、学習評価の改善に必要な力などを備えた「学びの専門家」としての側面も備えることが必要である。（同答申8頁）

　ここには教師が成長するために必要なことがバランスよく示されている。従来の「教えの専門家」は大前提とし、カリキュラム・マネジメントや評価に関すること（第8章参照）、学習・指導方法の改善（第6章参照）などを含め、「学びの専門家」になることを求めている。

　さらに、学習・指導方法について「特定の型を普及させることではなく……子供の学びへの積極的関与と深い理解を促すような指導や学習環境を設定する

こと」（同答申7頁）を求めたことが重要である。今後は特定のノウハウやメソッドを求めるのではなく、学びのヴィジョン（学習観）そのものを、個人学習から協同的学びへ転換することを求めているのである。したがって、教師は「学びの専門家」として、絶えず学び続けなくてはならないのである。

3．技術的熟達者から反省的実践家へ

　教師が「学びの専門家」であることは、知識基盤社会において突如として誕生した教師像なのだろうか。佐藤学（1951-）は、教師文化は「教室の諸問題に対する対処と解決を通して生成され、制度化された文化の規範により意味づけ枠づけられて、教師の職業的な共同体のなかで保持され伝承されていく[1]」と述べる。たしかに、学校を中心とした専門家共同体（professional learning community）の文化のなかで、教師は学び育っていく。どのようなコミュニティで教職経験を積むかが、教師としての成長に多大な影響を及ぼしている。それは赴任校や地域の教師文化にも大きく左右される。しかし、教師は学び続けることで、勤務校以外の新たなコミュニティとつながることも可能である。どれほど忙しくても、学ぶことに貪欲な教師ほど、複数の教育以外も含めた多様なつながりをもっている。学ぶことが楽しいからこそ、自然とネットワークが増えるのである。

　それでは、図4-1を手がかりに、「学びの専門家」がいかなる教師文化に属

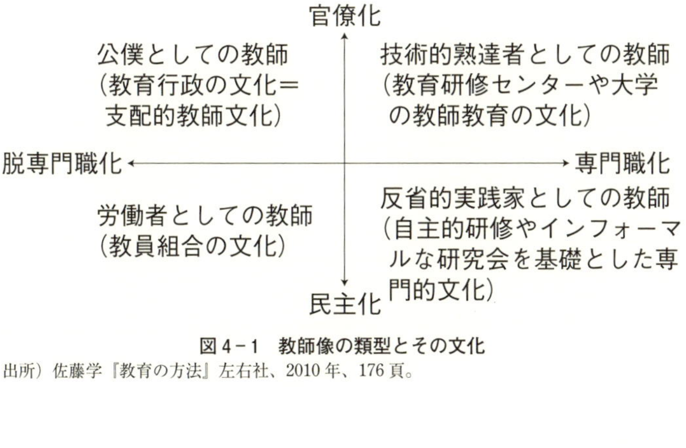

図4-1　教師像の類型とその文化

出所）佐藤学『教育の方法』左右社、2010年、176頁。

49

するのかをみていこう。

この図は、縦軸を官僚化と民主化、横軸を専門職化と脱専門職化とした座標軸によって整理されている。支配的教師文化である「公僕としての教師」から説明をしよう。これは、現在の学校制度の基底にある教師像といってよい。「公僕」とは、「公衆に奉仕すべきもの」「公務員」という意味であるから、大衆に対する誠実な献身性と遵法精神が求められている。公立学校の教師は地方公務員であることからも、「教育行政の文化」として整理されることに異論はないだろう。なお、教育に関する法令や公的文書は教師を「教員」という用語で表現しているが、これは教育職員の略称である。

「労働者としての教師」は、1960年代に教職員組合運動を基盤として普及した教師像である。理念的には戦前の聖職者教師像に対抗するが、現実的には「公僕としての教師」の対抗文化であった。教師も1人の労働者として社会意識と政治意識をもち、労働者としての権利を主張する運動を展開した。その一方で、「サラリーマン教師」や「でも・しか教師（教師でもするか／教師しかできない）」といった言葉も生み出された。

「**技術的熟達者**としての教師」は、教師教育と研修の制度化によって普及した教師像である。その背景には、1960年代の科学技術の発展にともない、教育でも科学的研究が遂行されことがある。この教師像は、科学的技術の合理的適用＝技術的合理性を実践原理としている。技術的合理性とは、ショーン（Schön, D. A., 1930–1997）に従えば「科学の理論や技術を厳密に適用する、道具的な問題解決という考え方[2]」のことである。

たとえば、研究授業の事前検討会や事後検討会で、管理職や指導主事、あるいは先輩教師からの指導・助言によって、指導案が検討され改善されていく場面を考えてみればよい。その場では先輩教師たちの発問や教材の引き出しの多さが前提とされ、それらを単元や場面に応じて合理的に選択し、活用することの習熟度合いが議論され追究されるのである。なお、ショーンは「〈技術的合理性〉は、実証主義の遺産である[3]」とも指摘しているが、現在の学校において、新たな授業方法を取り入れると仮説検証の名の下に検証作業が積み重ねられことが多いのは、技術的合理性を背景にしているからだと考えられる。

最後の「**反省的実践家**としての教師」は、「技術的熟達者としての教師」の

対抗文化として形成された教師像である。本節では、図4-1の説明（＝「自主的研修やインフォーマルな研究会を基礎とした専門的文化」）のうち、「自主的」「インフォーマル」という部分に注目したい。戦後直後から1970年代頃まで、日本の教師は世界最高水準の優秀さを誇っていたといわれる。それは、戦後教育改革の一環として、戦前は旧制中学校以下のレベルにおかれていた師範学校における教師教育を、大学レベルに引き上げたことによる。また、教育水準の高さとは別に、少なくとも大正期から、日本の教師たちは授業実践に関する自主的な研修やサークル活動を行ってきた。戦後も、民間教育研究団体による活動がさかんであり、教材研究や教材開発だけでなく、実践記録をはじめとした具体的事実にもとづく省察を通して、実践の見識を高めてきた。このように、インフォーマルな場における省察が、日本における反省的実践家としての教師像の特質であった。

　以上の四つの教師像のうち、「専門職」に位置づけられるのは「技術的熟達者」と「反省的実践家」である。第2節までの内容をふまえれば、「技術的熟達者」は「教えの専門家」、「反省的実践家」は「学びの専門家」として整理することができる。しかし、「技術的熟達者」は成長モデルが想像しやすいのに対し、「反省的実践家」は成長のプロセスを想像することが難しい。そこで、次節では「反省的実践家」の中核となるリフレクションについて、理解を深めていくことにしよう。

4．リフレクションとは何か

　リフレクション（reflection）とは、どのような行為だろうか。「省察」「反省」「振り返り」などと訳されるリフレクションは、人によって理解の仕方が少しずつ異なっている。

　かつて、栄養ドリンク（大鵬薬品）のCMコピーに「反省だけなら、サルでもできる」があったように、一般的に「反省」は、「反省文」のように何か悪いことをしてしまったときに使われることが多く、ネガティブなイメージがあるだろう。

　また、一般的に「振り返り」という言葉は、一連の出来事が終わってから諸

行為を事後的に対象化し、改善点を見出すこととして理解されることが多い。この理解は、PDCAサイクル（Plan計画・Do実行・Check評価・Action改善）の普及が背景にある。しかし、学校現場においては、PDCAサイクルとは無関係に本来のリフレクションの意味で「振り返り」が用いられていることもあるため、「振り返り」の内実に注目する必要がある。

　以上のように、場面や文脈に応じて意味が変わるにせよ、「反省的実践家（reflective practitioner）」を理解するうえで、リフレクションが最も重要な概念であることは間違いない。そのため、本節では、リフレクション概念の理解を深めていくことにしたい。

　1980年代前半に、ショーンは、反省的実践家という新たな専門家像を提示した。ショーンは『省察的実践とは何か——プロフェッショナルの行為と思考』（鳳書房、2007年、原著は1983年）において、建築デザイン、医学や精神療法、工学、都市計画、マネジメントの専門家の「わざ（art／artistry）」の分析から「反省的実践家」を描き出し、実践知とは何かを明らかにした。以下では、ショーンの記述に即してリフレクションの理解を深めていこう。

　われわれは、日常生活での行為の一つひとつを、あまり意識せず自然に行っている。しかし、日常生活における行為の意味を説明しようとすると、意外と難しいことに気がつく。ショーンは、このような事態を「私たちの知の形成は、行為のパターンや取り扱う素材に対する触感の中に、暗黙のうちにそれとなく存在している。私たちの知の形成はまさに、行為の〈中（in）〉にある[4]」と説明する。日常生活上の行為を深く考える必要はないが、プロフェッショナルの行為に関しては、暗黙知のままにせず、他者と共有可能な実践知にする必要がある。なぜなら「**行為の中の省察（reflection-in-action）**というプロセス全体が、実践者が状況のもつ不確実性や不安定さ、独自性、状況における価値観の葛藤に対応する際に用いる〈わざ〉の中心部分を占めている[5]」からである。

　たとえば、ショーンは、大リーグの投手たちが「自分の型を見つける」経験について語る事例を取り上げている。そして「行為のパターンをめぐる、自分たちがおこなっているときの状況にかかわった、そして行為の中にある暗黙のノウハウに関する一種のふり返りについて語り合っている」ことに注目し、「彼らは行為〈についての（on）〉省察をしているときもあるが、行為の〈中

〈in〉の〉省察をしていることもある」と分析した[6]。

　ショーンの「行為〈についての（on）〉省察」への言及はきわめて重要である。「行為の中の省察」は、まさに行為が行われている瞬間という時間的な観点から理解されることが多い。一方で「**行為についての省察**」も時間的な観点から事後的な省察として理解されることもあり、in（〜の中）と on（〜について）を対立的にとらえがちである。しかし、前置詞 on のイメージは「接している／触れている」ことであるから、reflection on action を「行為に触れているあいだ」として理解すれば、まさに行為をしている瞬間も行為後にその行為について考えているときも含まれることになる[7]。

　このことに関連して、佐伯胖（1939–）のショーンのリフレクション理解に対する指摘は示唆に富んでいる。佐伯は、「行為の中の省察」には陥りやすい誤解があるとして、以下のように述べる。

　　「誤解」されやすいことの第一は、「イン・アクション」の「イン」である。……この「イン」は、リフレクションを行っているときがアクションの「真っ最中」という意味ではない。「アクション」（行為）がまさに実行されていることに「焦点をあてている」ことを「イン・アクション」としているのである。つまり、実践の流れ（文脈）に即して行為を吟味することは、すべて「行為の中の省察」に含むのである[8]。

　前置詞 in のイメージは「空間内」であるから、行為が行われている時間内だけとは限らない。だからこそ、佐伯の「実践の流れ（文脈）に即して行為を吟味することは、すべて「行為の中の省察」に含む」という指摘になるし、ショーン自身が「行為の中で省察するとき、その人は実践の文脈における研究者となる。すでに確立している理論や技術のカテゴリーに頼るのではなく、行為の中の省察を通して、独自の事例についての新しい理論を構築する[9]」と述べていることとも合致する。

　以上から、実践者における行為の省察とは、文脈に即した行為の中（in）と、行為そのもの（on）についてリフレクションすることであり、時間的な観点から明確に区別する必要はないと考えてよい。

やや複雑なので、形式的に整理しておこう。reflection on action は一連の行為全体をリフレクションの対象とすることである。いわば、reflection on action は、流れ去ってしまう経験をリフレクションの俎上に乗せることだと理解してよい。他方で reflection in action は、リフレクションの俎上に乗った一連の行為のうち、ある行為に焦点を当てて、文脈のなかでその背後にある判断などを明らかにしていく行為だと理解すればよいだろう。しかし、逆に、ある一瞬の行為が検討の対象になる（reflection in action）ことで、その一瞬が含まれる一連の行為が検討の対象となる（reflection on action）こともあるから、どちらが必ず先というわけではない。

このように整理すると、佐伯が指摘した in に含意される文脈の重要性にあらためて気がつくだろう。授業実践の場合、文脈はきわめて重要な意味をもっている。授業者が子どもたちと紡いできた関係、その学級の歴史や文化、その日の授業前に子どもたちが経験した出来事、前時までの子どもたちの理解やつまずき方、授業者の判断や行為の根拠となった場面のとらえ方など、文脈は多様で複雑である。だからこそ、リフレクションによって行為を対象化し、複雑に絡みあった文脈を丁寧にほどきながら、その行為の背景にある知を顕在化することが必要なのである。

したがって、「学びの専門家」としての教師の学びにとって、「行為の中の省察」は不可避の営みなのである。もし省察を避けるのであれば、ショーンが指摘する「多くの実践者は、自分たちは技術的熟達者であるという見方にとらわれて、実践の世界の中に省察をおこなう機会を見つけられないでいる[10]」状況に陥いることになる。それゆえ、これからの教師にとって、よりいっそう**「行為の中の知の生成を構成する素材をめぐる省察[11]」**は必要である。なぜなら「行為の中の省察」は**「実践の認識論」**だからである。ショーンは以下のように述べている。

　　実践の認識論を発展させることにより、問題の解決は、省察的な探究というより広い文脈の中で行われるようになり、行為の中の省察はそれ自体として厳密なものになり、実践の〈わざ〉は、不確実さと独自性という点において、科学者的な研究技法と結びつくようになる。私たちは実践の認識

第4章　リフレクションって何をするの？

論によって、行為の中の省察がもっている存在意義を高め、行為の中の省察をより広範に、より深く、より厳密に用いることができるようになるだろう[12]。

　プロフェッショナルとして実践の認識論を深めるために、リフレクションを行う必要がある。それは、まさに行為のなかで生成される知を暗黙知のままにせず、実践知として共有可能な知にするための方法なのである。
　本節は他節に比べて理論的な内容が多くて難しかったはずである。より理解を深めるために、以下のワークに取り組んでみよう。

── ワーク4−1 ──

4人グループ（もしくは3人グループ）をつくって、先生から指示があったテーマで1分間スピーチをしましょう。

＊テーマ例：好きな本のオススメポイント
　　　　　　この一週間で嬉しかったこと……など

〈手順〉
① 　スピーチ内容をメモしながら準備する。
② 　発表者がスピーチをする。
　　A. スピーチをする人は、自分の話が伝わっているかどうかを意識しながらスピーチしましょう。
　　B. 聴衆側は、スピーチの内容だけでなく、話し手の話し方や困っていそうなところに注目して、聴きましょう。
③グループでリフレクション
　　A. 聴衆側は1人ずつ、②−B で気がついたことを発表者に伝え、それはなぜかをスピーカーに問いかける。
　　B. スピーカーは、②−A を思い出しながら、問いかけに答える。
④ 　②・③を全員分繰り返す。
⑤ 　全員分のリフレクションから気づいたことや重要だと感じたポイントを整理する。

ワークはどうだっただろうか。リフレクションを意識しながらスピーチした

55

り聴いたりする経験ははじめての人が多いだろう。これは in なのか、それとも on なのか……。本節を読み返しながら、理解を深めてもらいたい。

5．理論と実践の関係

　本章では、これからの教師は「学びの専門家＝反省的実践家」として学び続けなければならないことを述べてきた。また、「反省的実践家」におけるリフレクションは、「行為の中の省察」を中心に実践から新たな知を生成し、実践の認識を深めていくことだと示した。そのようなリフレクションは、学校現場でいかにして具現化できるのだろう。

　秋田喜代美（1957-）は、「真に学び続ける教師であるためには、実践を変えることに取り組む、学び変え続けるという実践化がセットになることが大事である[13]」として、図4-2を提起する。この図は、秋田が複数の学校の授業研究に携わるなかで、5年から10年にわたって同一校に継続的にかかわった経験から作成されたものである。秋田はこの図に関して、次のように述べる。

　　教師たちが必ず成長し変わっていく学校やそこでの教師たちのゆっくりと確実に変化する姿……そこには共通性がある。大規模校もあれば小規模校もあるし、学校種も多様である。しかし必ずそこには、図2〔引用者注：本章では図4-2〕に示すようなサイクルが生まれているということである。

図4-2　授業の質が高まるプロセス
出典）秋田喜代美「授業づくりにおける教師の学び」『岩波講座　教育変革への展望5　学びとカリキュラム』岩波書店、2017年、102頁。

第4章　リフレクションって何をするの？

矢印は一方向に描いているが、現実には行きつ戻りつしつつである[14]。

図4−2に示された項目のうち、「ヴィジョン」「同僚性」「挑戦的な課題・教材の工夫」「探求の継続・知の共有」などは、「行為の中の省察」に直接かかわっている。個人で「行為の中の省察」を継続することは、よほどの求道者でない限り難しい。しかし、学校には多くの同僚が存在するため、「同僚性」がリフレクションの鍵になる。本章第3節の冒頭で、教師は学校を中心とした専門家共同体の文化のなかで学び育っていくことを指摘した。その専門家共同体の構築は、まさに同僚性の構築にかかっているのである。なお、同僚性と教師の成長は、第15章で扱われている。

もう一つ、秋田の指摘で重要なことは、図4−2に関して「矢印は一方向に描いているが、現実には行きつ戻りつしつつである」という部分である。このサイクルは、PDCAサイクル的には機能しないからである。PDCAサイクルは、生産管理や品質管理などの管理業務を継続的に改善していく手法であり、さまざまな分野で応用されている。しかし、とりわけ教育には、そぐわない方法だといえるだろう。もちろん学校現場の諸研修にもPDCAサイクルは取り入れられているが、授業実践や教師の成長は管理の対象ではない。管理すればするほど、豊かな実践とダイナミックな学びは生まれにくくなる。そして、管理的な発想は何よりも、行為のなかの省察による教師の成長を阻害する要因になりかねない。このことは留意すべき点として確認しておきたい。

さて、それでは教師の学びと成長にとって、教育学をはじめとした諸理論は必要ではないのだろうか。本章の最後に、実践を省察するための重要な観点として、理論と実践の関係にふれておきたい。

専門家教育の中心は、理論と実践の統合による省察（reflection）と判断（judgement）の教育にあると考えられている。そして「反省的実践家」が最も必要とするのは「実践のなかの理論（theory in practice）」である[15]。この立場では、「実践に内在する理論を省察し、その理論を内省し変容することによって実践を改善すること[16]」が目指される。省察の対象となる行為は、さまざまな判断の積み重ねによって成り立っている。その多くはすでに予定されていた行為ではなく、その場の**即興的な判断**が大半を占める。したがって、リフレ

57

クションによって、判断の即興性に内在する価値観や暗黙知を顕在化することが、実践的知識（knowledge in practice）や実践的思考（thinking in practice）、実践的見識（practical wisdom）を高めることにつながる。

　それでは、教師にとって、省察によって「実践のなかの理論」として導き出される知識は、いかなるものなのであろうか。教師が実践において働かせている知識は「実践的知識」と呼ばれている。それをショーマン（Shulman, L.S., 1938-）は、「授業を想定した教材の知識（Pedagogical Content Knowledge、以下PCK[17]）」として提起し、教師の専門的知識の中核に位置づけた。PCK は、授業における子どもの学びの過程に即し、教科内容の知識（content knowledge）と教育学の知識（pedagogical knowledge）を接合することの重要性を提起している。たとえば、教科書の知識を学問的背景と結びつけて発展させる発問をつくるのことが難しいのは、教師の専門的知識が十分に PCK として翻案されていない可能性があることからも、その重要性を理解することができるだろう。

　日本の教師は、真面目で誠実で非常によく勉強をする。学んだ個々の知識を授業実践に活かすためには、それらを PCK に翻案し、「反省的実践家」として省察を積み重ねていくことが必要なのである。

　本章のまとめとして、最後に以下のワークに取り組んでみよう。

ワーク4-2

ワーク4-1に再挑戦しましょう。ただし、聴衆側の1人は、発表者のスピーチを、スマホやタブレットで撮影してあげましょう。

〈手順〉
① スピーチ内容をメモしながら準備する。
② 発表者がスピーチをする。（ワーク4-1の注意点を意識しながら）
③ グループでリフレクション
　　撮影した動画を全員でみなおす。（気がついたことをメモしながら）
④ 4-1③で示した手順でリフレクションする。
⑤ ②～④を全員分繰り返す。
⑥ 全員分のリフレクションから気づいたことや重要だと感じたポイントを整理する。

第4章　リフレクションって何をするの？

注
（1）　佐藤学『教師というアポリア——反省的実践へ』世織書房、1997 年、89 頁。
（2）　ドナルド・A・ショーン（柳沢昌一・三輪健二監訳）『省察的実践とは何か——プロフェッショナルの行為と思考』鳳書房、2007 年、21 頁。
（3）　同上、31 頁。
（4）　同上、50 頁。
（5）　同上、51 頁。
（6）　同上、56 頁。
（7）　前置詞 on の「触れている・接している」というイメージは、電源の on ／ off を思い出せれば、よりイメージがもてるだろう。
（8）　佐伯胖・刑部育子・苅宿俊文『ビデオによるリフレクション入門——実践の多義創発性を拓く』東京大学出版会、2018 年、10 頁。
（9）　ショーン、前掲書、70 頁。
（10）　同上、71 頁。
（11）　同上、51 頁。
（12）　同上、71-72 頁。
（13）　秋田喜代美「授業づくりにおける教師の学び」（佐藤学・秋田喜代美・志水宏吉・小玉重夫・北村友人編『岩波講座　教育　変革への展望 5　学びとカリキュラム』岩波書店、2017 年）101-102 頁。
（14）　同上、102 頁。
（15）　専門家教育における理論と実践の関係は三つある。一つ目は「理論の実践化（theory into practice）」で、実践を理論の適応領域としてとらえている。二つ目は「実践の理論化（theory through practice）」で、優れた実践の典型化が目指され、優れた実践を生み出す原理や技術を一般化することが目指される。三つめは、本章で取り上げる「実践のなかの理論（theory in practice）」である。
（16）　佐藤学『専門家として教師を育てる——教師教育改革のグランドデザイン』岩波書店、2015 年、76 頁。
（17）　Shulman, L.S., *The Wisdom of Practice: Essays on Teaching, Learning, and Learning to Teach*, Jossey-Bass, 2004, 北田佳子「授業の省察における生徒固有名を伴う語りの機能——Schulman の「学習共同体」モデルを手がかりに」『埼玉大学教育学部附属教育実践総合センター紀要』10 巻、2011 年。参照。

【読書案内】
①佐藤学『教師というアポリア——反省的実践へ』世織書房、1997 年。

「反省的実践」に焦点を当てた著者の論文集。かなり難しい部分はあるが、本章の内容をさらに深く理解するために必読の一冊である。一読して難しいからとあきらめず、実践しながら何度も再読すれば、より理解が深まるであろう。

②佐伯胖・刑部育子・苅宿俊文『ビデオによるリフレクション入門——実践の多義創発性を拓く』東京大学出版会、2018年。

ショーンのリフレクション概念の詳細な解説がなされている。また、ICT機器を用いた授業実践のリフレクションが紹介されており、ビデオを用いた具体的なリフレクションを学べる一冊である。

参考文献

佐伯胖・刑部育子・苅宿俊文『ビデオによるリフレクション入門　実践の多義創発性を拓く』東京大学出版会、2018年。

佐藤学『専門家として教師を育てる——教師教育改革のグランドデザイン』岩波書店、2015年。

佐藤学・秋田喜代美・志水宏吉・小玉重夫・北村友人編『岩波講座　教育　変革への展望4　学びの専門家としての教師』岩波書店、2016年。

佐藤学・秋田喜代美・志水宏吉・小玉重夫・北村友人編『岩波講座　教育　変革への展望5　学びとカリキュラム』岩波書店、2017年。

石井英真・原田三朗・黒田真由美編著『Round Study 教師の学びをアクティブにする授業研究——授業力を磨く！　アクティブ・ラーニング研修法』東洋館出版社、2017年。

（齋藤智哉）

第5章

「主体的・対話的で深い学び」での教師の役割は？
ファシリテーターとしての教師と学びの場づくり

1. 「主体的・対話的で深い学び」における学び

　学びとはどのようなものなのかを考えるにあたって、次の言葉を参照したい。
『失われた時を求めて』で有名なフランスの小説家**マルセル・プルースト**
(Proust, M., 1871-1922) の言葉である。

　　　ただ一つの本当の旅行、若返りの泉に浴する唯一の方法、それは新たな風
　　　景を求めに行くことではなく、別の目を持つこと、一人の他人、百人の他
　　　人の目で宇宙を眺めること、彼ら各人の眺める百の世界、彼ら自身である
　　　百の世界を眺めることであろう[1]。

　人は何か新しいものを求めて旅に出る。見知らぬ土地に行き、見知らぬ風景
を見る。そうすることによって新しい知識を手に入れ、見聞を広める。しかし、
いくら新しい風景を見ようと、それを見る目が同じであれば世界は平面的にし
か広がっていかない。そうではなく、風景を見る目それ自体が変わること。そ
れこそがただ一つの本当の旅行であるとプルーストはいうのである。
　この「旅行」を「学び」に置き換えてみる。「新たな風景を求めに行くこ
と」は、新しい知識を増やしていくこととらえることができるだろう。知識
はどんどん増えていっても、その知識を扱う人の視点は変わらない。それでは、
いくら知識を増やしたとしても人は成長しない。記憶力の良し悪しだけで、頭
のよさが決まらないのと同じである。学びとは単純な知識量の増大という量的
変化ではない。そうではなく、まったく別の新しい目をもって世界を見るとい
う、質的変化こそが「ただ一つの本当の旅行」であり、「学び」である。その

61

ような「学び」は、受験勉強がイメージさせる、ただ記憶したものを試験でアウトプットするような学びとはまったく異なったものである。「主体的・対話的で深い学び」もこの学びにおける質的変化をねらったものである。そしてここでのポイントは、「別の目を持つ」ということが「ただ一つの本当の旅行」のあとに生じるということである。旅をして、新しい風景を見る。旅から戻ってきて、日常生活に戻ったときに日常がそれまでとは違ったかたちで見えることに気づく。そのときにはじめて私たちは自分がまったくの別の新しい目をもったことに気づくのである。新しい目を持とうとして旅をすることは、新しい風景を探すことと同じになってしまう。さらにいえば、新しい目をもとうとしたときのその新しい目は、そのときの自分が想定している範囲内のものである。しかし、私たちがほんとうの意味で新しい目をもったときには、そもそもそういった目をもとうと思ってもつのではなく、気づいたらそうなっていたというものである。つまり、新しい目というものは、こちらからそれを想定して取りに行くものではなく、気づいたら、自分でも思ってもみないような目をもっていたというかたちで得られるものなのである。学びにおいても、それは同じことであろう。知識や情報を得たり、あるいは技術を獲得したりという学びもあるが、プルーストにならって考えれば、ほんとうの学びとは、探したり、取りに行ったりするものではなく、私たちが学んだあとにはじめて何を学んだのかを知るという事後的な構造をもつものなのだといえるだろう。

　それでは、そのような学びとは、そもそも教えることができるようなものなのだろうか。仮にそのような学びを教えることができるとして、それはどのようにしたら可能となるものなのだろうか。

意味ある学習

　「20世紀に最も影響の大きかった心理療法家」とも称される現代カウンセリングの祖**カール・ロジャーズ**（Rogers, C.R., 1902-1987）は、「意味ある学習——心理療法と教育において」という論文で、心理療法が教育に対してどのような意味をもつのかについて論じている。ロジャーズは1952年のハーバード大学での「人間に影響を及ぼす授業のアプローチ」という会議で「学生中心の授業」について語り、「教えることによって生じる効果は取るに足らないものか、

第5章　「主体的・対話的で深い学び」での教師の役割は？

有害なもののいずれかである」、「教えることはしないほうがいい⁽²⁾」と述べ、
「大騒ぎ」を引き起こした。これは、教えることから学ぶことへの転換を語っ
たものであったが、当時の教師たちからは大きな反発を受けることとなった。

　ロジャーズは、「意味ある学習」を「事実の蓄積以上の学習」であり、「個人
の行動において、その人がその後選択する一連の行為において、さらにその人
の態度や人格において、変化を生じさせる学習⁽³⁾」であると定義する。これは、
先のプルーストの言葉と重ねて考えることができるだろう。「意味ある学習」
は、ロジャーズの**「一致」「無条件の肯定的配慮」「共感的理解」**といういわゆ
る三条件と、この三条件をクライアントがある程度体験、知覚することと「問
題への直面」という五つの条件が教育に適用されることにより生じるとされる。
ロジャーズは「教師の仕事は、意味ある学習が生まれるような促進的な授業の
雰囲気をつくりだすことである⁽⁴⁾」と述べている。ロジャーズは、教師の役
割を**「ファシリテーター」**であると規定しているのである。「問題への直面」
が教育に示唆することとは、「学生が自分の存在にかかわる問題に、どんな水
準であってもまさに触れることができるようにし、そうすることによって解決
したいと思っている問題に気づかせていく」ことである。これは主体的な学び
のために重要な点である。学びにおける主体性は、自分の外部や社会の問題
（「他人事」）をほかならぬ自分自身の存在にかかわる問題（「自分事」）と認識
することによって立ちあらわれてくる。そして有名な三条件であるが、「教師
が一致しているなら、学習は促進される⁽⁵⁾」、「教師が生徒をありのままに受
容することができ、生徒が持っている感情を理解することができるなら、意味
ある学習が生じる⁽⁶⁾」とロジャーズは述べている。感情の理解によって意味
ある学習が生じるというのは、興味深い。ロジャーズは、学習を単に知的なも
のとしてとらえるのではなく、全人格的なものととらえているのである。それ
ゆえ、ロジャーズは教師が生徒との関係において「1人の真の人間」になるこ
とを求めるのである。ロジャーズは、教師とは「1人の人間であり、カリキュ
ラムで決められたことだけに従う個性をもたないロボットでもなければ、ある
世代から次の世代へと知識を伝えていくだけのくだらないパイプでもない⁽⁷⁾」
と述べている。この論文が収録されている『ロジャーズが語る自己実現の道』
の原著タイトルは "On Becoming a Person" である。まさに「1人の人間にな

ることについて」である。「意味ある学習」に携わる教師は、ロボットでもパイプでもなく、「人間」でなければならないというのである。

このことをふまえて、ここでは、**ワークショップ**という学びのスタイルと、学びの場をつくるファシリテーターという役割についてみていこう。

ワークショップとファシリテーター

ワークショップとは、日本にその考え方を紹介した１人である**中野民夫**(1957-) によれば、「講義など一方的な知識伝達のスタイルではなく、参加者が自ら参加・体験し、グループの相互作用の中で何かを学びあったり造り出したりする、双方向的な学びと創造のスタイル[8]」である。「参加者が自ら参加・体験」は「主体的」に、「相互作用の中で」「双方向的な」は「対話的」に対応するのがみてとれるだろう。ワークショップというあり方は、まさに「主体的・対話的で深い学び」そのものであり、**アクティブ・ラーニング**なのである。そして、そのワークショップの場をつくるのがファシリテーターである。ファシリテーターは、教師でも指導者でもない。それゆえ、ファシリテーターは教えたり、指導したり、命令したりしない。そのかわりにファシリテーターは、「支援し、促進する。場を創り、つなぎ、取り持つ。そそのかし、引き出し、待つ。共に在り、問いかけ、まとめる[9]」のである。教壇の上から、文字通り上から命令したり、指導したりするのではなく、ファシリテーターとしての教師は、教壇から降りて、子どもたちのなかに入っていき、同じ目線でかかわろうとする。そういったファシリテーターとしてのあり方を中野は「そそのかす」という言葉で表現する。通常そそのかすとは、相手によくないことをさせるようにおだてたり誘ったりする意味で使われる。よくないことをさせる場面で使われるので、大っぴらにというよりは、影に隠れてこっそりとするイメージがあるだろう。そのこっそりというイメージと、そそのかすという言葉が本来もつ、その気になるように促すという意味から、中野はこの言葉をファシリテーターの役割を表す言葉として選んだのだろう。やらせるのではなく、その気にさせる。自分が前面に出て大っぴらにではなく、後ろにさがってこそっと。それがファシリテーターの役割である。教壇上に立って、自分が主役となって子どもたちの注目を集めて、教えたり、指示を出したりする教師とは

第5章 「主体的・対話的で深い学び」での教師の役割は？

正反対のあり方である。ファシリテーターとしての教師は、子どものもつ主体的な、内側からのやる気や興味、力を引き出し、子ども同士をつなげ、そっとその場にいて何が起こるのかを見守り、寄り添いつつ、待つのである。そして、ファシリテーターにおいてもう一つ重要な役割は、場をつくることである。子どもの主体性が発現し、対話が生じ、学びが深くなる場をつくること。それがファシリテーターとしての教師の役割である。

2．ファシリテーションという技術

ファシリテーションの基本スキル

中野はファシリテーションの基本スキルを場づくり、グループサイズ、問い、見える化、プログラムデザインの五つにまとめている[10]。これを軸にファシリテーションのスキルについてみていこう。

場づくり

場づくりに関して、中野はそれを空間の物理的デザインと関係性の心理的デザインとに分けている。空間の物理的デザインとは椅子や机の並べ方、模造紙や付箋など備品の工夫など、外的な物理環境の設定のこと。それに対して、関係性の心理的デザインとは、オリエンテーションや**アイスブレイク**といった内的な心理的環境設定の工夫のことである。ここでいう場という用語には、雰囲気や気配といったものも含まれている。ファシリテーションにおける場づくりは、外部の物理的環境設定と内部の心理的環境設定とを組み合わせて、場の雰囲気や気配といったものを調えていくのである。

グループサイズ

グループサイズとは、2人組のペア、3、4人組の小グループ、あるいは中グループ、そして全体といったグループ人数の組み合わせによって、その場で起こることが変わってくるということである。まったく同じテーマで同じメンバーでディスカッションをしたとしても、グループサイズによって話の内容や進展の仕方は変わってくる。たとえば、2人組の場合、逃げ場がないため、否

65

応なく話をしなければならなくなる。3人組の場合は、2人組よりも広がりが出る一方で、2対1の構図になりやすい。議論の対立での2対1のこともあるし、2人だけで話して1人取り残されるという2対1もあるだろう。4人組の場合、2対2の構図ができる。グループ内での構図としてもそうであるが、ファシリテートする側としても、2対2の組み合わせを3パターンつくることができ、解体してペアに、ペアを合体させて4人組にと他のグループサイズへの移行もしやすいグループサイズである。そういった意味ではグループサイズの基本ともいえる構成である。5、6人組はうまくいけば数の力を発揮できるが何もしないフリーライダーが出やすい人数でもある。

ワーク5−1

【グルーピングゲーム＆グループサイズ】

⓪このワークは屋外や体育館などスペースのあるところで行います。

①クラスのメンバー全員がランダムにそれぞれ思い思いの方向に向かって、声の聞こえる範囲で歩きまわります。

②ファシリテーターが数字を言うので、その数字の人数でできるだけ早くまとまってしゃがみます。「2」なら2人組、「3」なら3人組という具合です。全体の人数によっては数字の人数で組めない人が出ます。その人たちは立っています。

③グループ内で自己紹介や与えられたテーマについて1～2分話をします。組んでない人たちはその様子を観察します。

④話が終わったら、ファシリテーターの合図で立ち上がって歩き回ります。

⑤またファシリテーターは数字を言い、その人数で集まってしゃがみます。人数が多くなればなるほど、組むのに時間がかかるかもしれません。できるだけ早くクラス全体がグループを組めるように意識しましょう。新たなグループで自己紹介や与えられたテーマで1～2分話をします。

⑥何度か同じことをくり返したら、今度はグループの人数による話の盛り上がり具合やグループの雰囲気の違いをテーマに5分程度話してみましょう。

このワークは、ファシリテーターの声に反応して、全体で素早くその人数になるというゲームであり、そのねらいは意識の範囲を広げることにある。ワークをするために授業でグループをつくるときに往々にしてみられるのが、自分たちは組めたからと安心して教室全体のことをまったく意識していない様子である。上記のワークのように、出席者の人数によっては余ってしまう人が出て

くる。ワークによっては、ジェンダーバランスを意識して各グループに異性が1人は入るようにと指示をすることもあり、そのときに、自分たちは組めたからと全体から意識を切って、そのグループの人と話してしまうと、同性だけが余ってしまってグループが組めなかったり、どこのグループにも入れない人が出てきてしまったりする。このワークでは、自分がグループを組めて終わりではなく、全体が組めてはじめて完了となる。個々に意識を向けると同時に全体に意識を向ける練習になるのである。

　それにあわせて、上記のワークでは、グループを組んだときの人数によってグループの雰囲気や空気が変わることにも意識を向けることになる。話しやすい人数、そうでもない人数など、感じることは人によって違うだろう。ワークの目的やねらいによって、最適な人数を設定するのがファシリテーターの腕の見せどころである。

問い

　問いに関しては、どういった問いをどういったタイミングや順番で投げかけるのかというスキルである。同じ内容の問いでも、言葉の選び方、問いの仕方、タイミング、順番によって、ディスカッションの展開も到達点もまったく異なってくる。

見える化

　見える化は、発せられた瞬間に消えてしまう話し言葉を、紙やホワイトボードなどに書き、可視化することである。イメージや図なども話し言葉で伝えるよりも描いてしまった方が伝わりやすいだろう。授業において、注意が必要なのはきれいに清書するというような意識をもつと子どもたちのディスカッションは止まってしまうことである。いかに、子どもたちのディスカッションを活性化しつつ、それを見える化していくかはファシリテーターとしての教師の課題である。ホワイトボードを使うのか、模造紙など大きな紙にするのかそれともA3サイズ程度の紙にするのか、あるいはタブレットなどを利用するのか、グループサイズ、ディスカッションの目的などによって最適なものを選ぶ必要がある。

67

プログラムデザイン

　プログラムデザインは授業デザインとつながるものであるが、中野はこれを時間の流れのデザインとして起承転結を基本の型としている。一つのプログラム、授業を常に起承転結の流れのなかで構成する意識である。

　次に、教師がファシリテーターになるにあたっての技術について考えてみよう。

3. ファシリテーターとしての教師の技術

評価者としての教師とファシリテーターとしての教師

　学校、あるいは教育というシステムのなかで、教師が担う役割は多岐にわたる。授業を通して教えることが主になるだろうが、そこには当然評価するという役割も入ってくる。また学級経営や生徒指導、進路指導も教師が担う役割になる。指導者であり、評価者でもある教師がファシリテーターになるということは、一般的なワークショップのファシリテーターになること以上に難しいことである。まず一般的なワークショップでは、参加者は自発的に参加してくる。当然参加者の参加意欲は高い。一方で授業においては、子どもたちは半ば強制的に参加させられている。やる気のある子もいればそうでない子もいる。学校に希望や期待をもっている子もいればそうでない子もいる。教師がファシリテーターの役割を担う場合、動機もやる気もバラバラな子どもたちの参加意欲をまずは高める必要があるのである。

　さらに、ファシリテーターをしながらも、教育システムのなかに組み込まれている教師は、評価者という役割をどうしても背負わざるをえない。そしてそれは、子どもたちもつねに意識していることである。子どもにとって教師は、授業を教える人間であると同時に、自分を評価・選抜する人間でもある。教師においても成績評価するという役割を担うことは、自分自身が思っている以上に思考枠組を狭めることになる。ファシリテーターの役割を担っても、評価という観点から子どもを見てしまうのである。学校という組織のなかで、また現在の教育システムのなかにいる限り、教師は評価者という立ち位置から抜け出すことは難しい。教師がどんなに評価を意識しなくても、評価する／されると

第 5 章 「主体的・対話的で深い学び」での教師の役割は？

いう構造は確実に存在し、子どもも、その構造を無意識に感じ取り、心のどこかではつねに、自分たちを評価の対象として意識することになる。その構造を見ぬふりをしてファシリテーターとして振る舞うのではなく、評価者であることを自覚しつつ、それをどう乗り越えてファシリテーションするのかは、教師としての大きな課題である。その意識がなければ、アクティブ・ラーニングも結局は評価のための活動になってしまうだろう。子どもの自己意識を評価の対象から学び手へと転換させること。構造的には動かしがたい評価する／されるの図式を、子どもの意識にはのぼらなくさせること。教師に評価されるために勉強するのではなく、一心に学びに向かう姿勢とそのための場をつくること。それがファシリテーターとしての教師の役目である。

複数の役割と複数の意識

　ファシリテーターとしての教師は、通常のワークショップのファシリテーター以上に複雑な状況のなかで学びの場をつくらなければならない。同時に複数の役割をこなす必要があるのである。それゆえ、一つのことを見ていても、それに対して複数の視点をもつ必要がある。そのためには、意識をいろいろなところに向ける練習と、意識を分割して使う練習が必要になる。

ワーク 5-2

【意識の分割】
① 4 人 1 組になり、順番を決めます。
② 1 番目の人が一つのテーマについて 2 分間プレゼンテーションをします。その際、目線（アイコンタクト）、声の方向や質量、意識のおきどころの三つを意識しましょう。
③ 聴き手の 3 人は、話している人の目線、声の方向・質・大きさ、意識の向かっている先を意識しながら聴きます。
④ プレゼンテーションが終了したら、聴き手の 3 人が、目、声、意識の三つが 2 分間の間にどのように移り変わっていったのかや気づいたことをシェアします。どんな内容の話をしていたときに目や声や意識は変化したでしょうか？　またそれはどのようなものだったでしょうか？
⑤ 話し手はシェアを聞いて、自分自身がモニターしていた自分の感覚と対比さ

69

せて、思ったこと、感じたことを返します。
⑥ 1人目が終了したら2人目に交代し同じことを繰り返します。
⑦ 全員が終了したら、あらためてプレゼンテーションにおける目、声、意識の
　役割や、意識を分割することについて話してみましょう。

　このワークは、講義型の授業スタイルにおいても有効な練習である。教師は
講義をしながら、子どもたちと視線をあわせたり、子どもの様子をうかがった
りする。1人ひとりの様子や教室全体の雰囲気を感じ取りながら、教師は話を
進めていく。子どもの表情や目の力、教室の雰囲気から、わかっているのかど
うかを判断し、わかっていないようならいったん止まって、話し方を変えたり、
具体的に何かを実践させたりする。教師の意識が話の内容に夢中になってしま
うと、1人ひとりの様子が見えなくなってしまう。意識の分割はそのために必
要な練習なのである。ここではさらに、視線、声、意識のおきどころの三つに
分割し、自分自身を観察する。話の内容と伝えるための技術、さらには聴き手
の様子と大きく三つに意識の対象を分割し、さらに伝えるための技術を三つに
分割している。いろいろなことを同時に意識しなければならないので、難しく
感じたのではないだろうか。話している内容以外のところに意識が向くと、自
分で何を話しているのかわからなくなるだろう。逆に話す内容に集中してしま
うと、周りの様子も自分自身のことも見えなくなる。講義型の授業であっても、
教師は意識を複雑に分割して使っているのである。
　この練習を続けていくと、意識の総量は増えていく。いろいろなことに気づ
きながら、話をすることができるようになっていくのである。そして、この意
識を分割して、さまざまなところに配分するという技術はファシリテーターと
しての役割を担ったときにも、有効であり、必要なことである。複数のグルー
プが活動するアクティブ・ラーニングの場で起きていることを把握するには、
一つのグループだけに意識を集中させるのではなく、たとえそうであっても、
意識の幾分かは他のグループや教室全体、プログラム進行や時間管理といった
ことに振り分けておく必要がある。そして、評価者とファシリテーターという
正反対の役割を担っているということにも意識を向けておく必要はある。自分
自身がその場でどのような役割を担い、どういったところに意識を振り分けて

いるのかをつねにモニタリングしておく、そのための意識の使い方の練習である。

複数のグループを見る

意識の分割に続いて次に、複数のグループを見る練習をしてみよう。

ワーク5-3

【メタ・ディスカッション】
① 教室をA/B半分に分け、それぞれ3～4人1組でグループをつくります。
② Aのグループがそれぞれ椅子に座って円形になり、10～15分間ディスカッションをします。テーマはなんでもかまいませんが、結論が明確になるものだとディスカッションに動きが出ます。
③ Bの人たちは、Aのグループのディスカッションを観察します。教室にはいくつかのグループがあると思います。教室全体の雰囲気を感じながら、一方で個々のグループにも着目しながら観察して、気づいたことをメモします。気になるグループにとどまって観察してもいいですし、教室を歩き回りながら個々のグループをまんべんなく観察してもかまいません。そのときに自分の感じたように動き、観察してみましょう。
④ 時間が来たらディスカッションを終了し、Bの人たちは、Aのどこかのグループに入り、気づいたことをシェアします。そのグループに対してのことも、全体を見ていて気づいたことも両方シェアします。それに対してAの人たちは、見られていて感じたこと、シェアを聞いて思ったことを返します。
⑤ AとBで役割を交代し、同じことを行います。

教室内にいくつかのグループをつくって、それぞれで活動させることはアクティブ・ラーニングにおいてはよく見る光景である。ファシリテーターである教師はその場において、全体を見ているだけでは、個々の活動は見えてこない。かといって、個々の活動を見てしまうと、他のグループや全体が見えなくなっ

てしまう。どこか一つのグループに絞ってそこをずっと見るという選択肢もあるし、少しずつ一つひとつのグループを見て回るという選択肢もある。難しい問題である。そして正解のない問題である。その時々の状況にもよるし、教師が誰であり、どういった性格か、どういった教育観をもっているのかにもよる。個々の教師1人ひとりが試行錯誤していくなかで探っていくしかないのである。しかし、ここでも先のワーク5-2は役に立つ。意識を他のグループや教室全体にも振り分けながら、一つのグループの活動を見守ることができるのである。意識をいくつかに分けて、配っておくと、ふと耳に飛び込んでくる発言や目に飛び込んでくる動きがある。そこに引き寄せられるようにいくと、大事な場面に出くわすようなことがある。あるいは、たまたまそのグループに目をやったときに、何かが起こったりもする。そういったある意味偶然とも思えるような出来事は、ベテランのファシリテーターならだれもが経験していることである。意識の焦点を絞り切ることなく、いろいろなところに配る練習をしていると、自然とそういったことが起こるようになるのである。このような、たまたまそこに居合わせるということもファシリテーターとしての大切な技術の一つである。

図と地

　本章の最後に、場における図と地の関係という視点から、学びの場をつくる役割を担うファシリテーターとしての教師の技術についてみていこう。

　ゲシュタルト心理学では、人の意識領域において、意識の焦点に浮かび上がる対象を〈図〉、その背景にあって意識下に沈みこむ領域を〈地〉と呼ぶ。有名なのはデンマークの心理学者エドワード・ルビン（Rubin, E.J., 1886-1951）の考案した多義図形「ルビンの壺」だろう。図の黒い部分に焦点を当てれば、白い部分は背景に退き、壺が見える。一方で白い部分に焦点を当てると、今度は黒い部分が背景に退き、向き合った2人の人の横顔が見えるようになる。いわゆる「**図／地**」反転を示す図である。これは視覚だけでなく聴覚でも起こる。音楽を聴いているときに、歌の部分に意識を向けると伴奏が聴こえなくなることはないだろうか？　その場合は、歌に意識の焦点が当たって図になり、伴奏が背景に退いて地になっているのである。

第5章 「主体的・対話的で深い学び」での教師の役割は？

　この「図／地」反転であるが、私たちの意識は、ルビンの壺でいえば、黒い部分に意識を当てると白い部分が背景に退き、白い部分に意識を当てると黒い部分が背景に退いて見えなくなるという構造をもつ。意識はどうしても形象化されやすいものにひきつけられ、それを図として浮上させる。教室の事例でいえば、目立つ子の発言や目につきやすい出来事

図5-1　ルビンの壺

に意識が引っ張られ、そうでないものが背景に退いてしまうということである。しかし、ファシリテーターとしての教師において重要なのは、図に意識を奪われつつも地の解像度を上げることである。ルビンの壺ではわかりにくいので、アニメの宮崎駿作品を例に話を進めてみよう。宮崎アニメの特徴は、ストーリーの面白さやキャラクターの魅力以上に背景描写の美しさにあるといえるだろう。私たちが宮崎作品を繰り返し観てしまう秘密はそこにある。ストーリーは、一度観ればそれはもうすでに知っている話である。もちろん、見落としている部分もあるだろうが、二度三度と観れば当然ストーリーには飽きてくる。それでも私たちがテレビで宮崎アニメが放映されるとつい観てしまうのは、宮崎駿が描くその世界にひかれるからであり、その世界を支えている背景描写に魅了されるからである。背景が丁寧に描かれ、その世界が精密に構築されているからこそ、主人公たちはその世界で自由に動き回り、物語を展開させることができる。すぐに目につくストーリーや主人公のキャラクターだけでは物語は展開しないし、繰り返しには耐えられないのである。

　背景へと退いてしまう領域の解像度をいかに上げるか、これが先のワーク5-2とワーク5-3で行った練習である。ワーク5-2の場合、意識の焦点はどうしても話の内容にいってしまう。それを、視線や声や意識のおきどころといった、通常は背景に退いている領域にも向けるようにするのである。しかし、そちらに意識の焦点をあわせてしまったのでは、図と地は反転して、内容が背景に退いてしまう。そうではなく、ここで重要なのは、図と地を反転させることなく、地の解像度を上げることである。ワーク5-3の場合、地の解像度を上げることができるようになると、教室の見え方が変わってくる。大きな展開のあったグループにたまたま居合わせるというようなことが起きるようになっ

てくるのである。

　それでは、地の解像度を上げるにはどうすればいいのだろうか。さまざまな方法があるが、ここでは近年注目されている**マインドフルネス**の技法を使って練習してみよう。

── ワーク5-4 ──

【呼吸に意識を向けたマインドフルネス】
①リラックスした姿勢で座り、目を閉じて、呼吸に意識を向けます。
②しばらく呼吸をしていると、さまざまな考えごとや感情などが湧きあがってきます。それに集中することなく、湧き上がってきたことに気づいたら、それを認めて、流して、また呼吸に意識を戻しましょう。
③思考や感情が湧き上がってきたら、それを認めて呼吸に意識を戻すことを繰り返しながら、5～10分程度続けます。
④時間が来たら、大きく一度呼吸をしてから、目を開けます。

　呼吸は通常無意識に行われ、地として機能する。一方で私たちは意識的に呼吸することもできる。その場合呼吸は図になる。このワークでは、最初呼吸に意識を向けるが、時間の経過とともに呼吸は背景に退いて、気になることや考えごとに意識が向いてくる。呼吸が地になり、さまざまな考えごとや記憶、感情などが図になって浮上するのである。それをただ眺め、呼吸という地に戻る。そのことにより、図だけでなく、地に意識が向くようになり、地の解像度が上がるのである。

　意識の地の解像度を上げることは、学びの場づくりにおいて重要な意味をもつ。教室内のどの子にもどのグループにも意識を配ることができるようになるからである。その誰にも等しく光を当て、おいてきぼりをつくらない教師の意識の力は、教室を自由な対話の場にし、子どもたちの主体性を引き出し、深い学びを導く。それがファシリテーターとしての教師の役割である。

注
（1）　M・プルースト（鈴木道彦訳）『失われた時を求めて10 第5篇　囚われの女
　　　Ⅱ』集英社、2007年、97頁。

第 5 章 「主体的・対話的で深い学び」での教師の役割は？

（2） C・R・ロジャーズ（諸富祥彦・末武康弘・保坂亨訳）『ロジャーズが語る自己
　　実現の道』岩崎学術出版社、2005 年、245 頁。
（3） 同上、247 頁。
（4） 同上、253 頁。
（5） 同上、253 頁。
（6） 同上、254 頁。
（7） 同上、254 頁。
（8） 中野民夫『ファシリテーション革命』岩波アクティブ新書、2003 年、40 頁。
（9） 同上、iv 頁。
（10） 中野民夫『学びあう場のつくり方』岩波書店、2017 年。

【読書案内】
①津村俊充『プロセス・エデュケーション──学びを支援するファシリテーションの
理論と実際』金子書房、2012 年。
　ロジャーズが「結論からは重要なことは学べない」と述べるように、結果ではなく
プロセスに着目し、学びを深める体験的な教育のあり方と、それを支援するファシリ
テーションに関する理論と実践の書。ワークも多数収録。

参考文献
Rogers, C.R, *On Becoming a Person:A Therapist's View of Psychotherapy*, Mifflin
　　Company, 1961.（C・R・ロジャーズ（諸富祥彦・末武康弘・保坂亨共訳）『ロジャー
　　ズが語る自己実現の道』岩崎学術出版社、2005 年）
中野民夫『ワークショップ』岩波新書、2001 年。
中野民夫『ファシリテーション革命』岩波アクティブ新書、2003 年。
中野民夫『学びあう場のつくり方』岩波書店 2017 年。

（小室弘毅）

第6章
「深い学び」ってどんな学び？
「真正の学び」を実現するための授業デザイン

1．なぜ「深い学び」が必要なのか

　「深い学び」とは、どのような学びなのだろうか。新学習指導要領（小・中学校は 2017 年改訂、高等学校は 2018 年改訂）は、戦後最大の教育改革といわれている。1958 年の改訂以降、学習指導要領（以下、指導要領）の各教科等は、コンテンツ（内容）・ベースで計画されてきた。しかし、新指導要領では、身につけるべき能力（＝**「資質・能力」**）を明示することで、コンピテンシー・ベースへの転換が図られ、学び方にまで踏み込んだ改訂が行われた。その学び方は**「主体的・対話的で深い学び」**として示された。この新指導要領の完全実施により、子どもたちの学び方は大きく転換する。

　「主体的・対話的で深い学び」は、指導要領の改訂準備がはじまった段階では、アクティブ・ラーニングという言葉で語られていた。アクティブ・ラーニングは 1990 年代にアメリカの高等教育で提唱された学習法であり、日本においても大学教育改革を中心に広まった[1]。その後、初等中等教育にも波及し、今般の指導要領改訂に大きな影響を与えている。

　初等中等教育において、アクティブ・ラーニングは、2014 年 11 月の中央教育審議会の諮問で「課題の発見と解決に向けて、主体的・協働的に学ぶ学習（いわゆる「アクティブ・ラーニング」）」としてはじめて示された。その後、アクティブ・ラーニングはブームと混乱を生み、さまざまな議論と検討を経て「主体的・対話的で深い学び」という表現になった。2014 年の諮問でアクティブ・ラーニングが「主体的・協働的に学ぶ学習」の補足説明だったことをふまえれば、「主体的・対話的で深い学び」の「対話的」は「協働的」に対応しており、「協働的に学ぶ学習」として理解するのが自然であろう。

第6章 「深い学び」ってどんな学び？

　それでは、なぜ対話や協同性が強調されるのであろうか。21世紀は知識基盤社会（knowledge-based society）であり、人やモノだけでなく知識もグローバル化が進み、絶えず競争と技術革新が生まれ、幅広い知識と柔軟な思考力や判断力が求められる。このような社会を生き抜くためには、他者との対話や協同が欠かせない。

　また、現在の世界は新たな発展段階に入り、**第四次産業革命**を迎えることが予測されている[2]。第四次産業革命には二つの特徴がある。一つ目は、あらゆるモノがネットワークにつながり、ビックデータを構築する IoT（Internet of Things）である。二つ目は AI（**人工知能**）の進展である。たとえば Amazon に「あなたのお買い物傾向から」というコーナーがある。そこには、自分の嗜好が反映された商品が示されていて、驚くこともあるだろう。IoT で集めたデータを AI が分析した結果のオススメ商品が示されている。このように、われわれの身近な生活にも、新たな科学技術は浸透している。このような来たるべき社会を内閣府は Society5.0 と表現している。

　さらに、第四次産業革命の進展に伴って汎用 AI が開発されれば、労働市場が激変すると予測されている。単純労働が激減し、多くの仕事がロボットと AI に交代する未来が待ち受けているという予測である。これだけの劇的な変化に対応するためには、子どもたちの学び方を、従来の知識の理解の学びから、次世代に対応した知識の活用の学びへ移行する必要がある。

　すでに本書では、第3章で、学びにおいて対話が欠かせないことを学んでいる。さらに付け加えるならば、学びの主体性は、対話を通して学ぶことで育まれる。まったく知らなかった世界でも、学んでいくうちに対象の魅力にひきつけられ、気がついたら夢中になって学んでいたことはないだろうか。そのような経験の積み重ねが、学びの主体性を育むことになる。つまり、「主体的な学び」「対話的な学び」「深い学び」は個別の学びというよりも、「対話的な学び」によって結果的にすべてが実現すると考えればよい。それでは「深い学び」とは、どのような学びなのであろうか。

　アクティブ・ラーニングは、その研究において、学習活動に認知プロセスの外化を正当に位置づけたことが評価されている。他方で、アクティブ・ラーニングには陥りやすい問題点として「「外化のない内化」がうまく機能しないの

77

と同じように、「内化のない外化」も上手く機能しない[3]」ことが指摘され、学びの「深さ」に関する研究（「深い学習」「深い理解」「深い関与」）が進められてきた。そして「アクティブラーニングにおける能動性を、〈内的活動における能動性〉と〈外的活動における能動性〉に概念的に区別」し、「外的活動における能動性だけではなく内的活動における能動性も重視した学習」として「ディープ・アクティブラーニング」が主張された[4]。現在のアクティブ・ラーニング論では、能動性（主体性）だけでなく、外化と同時に内化も実現するための深さが重視されているのである。

　さて、新指導要領では「主体的・対話的で深い学びの実現に向けた授業改善」として、以下のことが提示されている。とくに「**見方・考え方**」が何を意味しているかを考えながら読んでもらいたい。

　　特に各教科等において身に付けた知識及び技能を活用したり、思考力、判断力、表現力等や学びに向かう力、人間性等を発揮させたりして、学習の対象となる物事を捉え思考することにより、各教科等の本質に応じた物事を捉える視点や考え方（以下「見方・考え方」という。）が鍛えられていくことに留意し、生徒が各教科等の特質に応じた見方・考え方を働かせながら、知識を相互に関連付けてより深く理解したり、情報を精査して考えを形成したり、問題を見出して解決策を考えたり、思いや考えを基に創造したりすることに向かう課程を重視した学習の充実を図ること[5]。

　指導要領の文章をはじめて読んだ人は、比較的長い文章が続いているため、難しく感じたかもしれない。それでも「見方・考え方」が「各教科の本質に応じた物事を捉える視点や考え方」であることは読みとれるだろう。「見方・考え方」を働かせることで「深く理解」することが求められているのである。

　そもそも「深さ」とは何であろうか。「見方・考え方」は「各教科の本質に応じ」ているのだから、「深い学び」のあらわれ方は教科によって異なる。では、どうすればよいのか。そこで次節では「**真正の学び**」を参照軸として「深い学び」を考えてみたい。

第6章 「深い学び」ってどんな学び？

2．「真正の学び」とは何か

　近年の教育学では「真正性（authenticity）」が重要視されている。佐藤学
（1951–）は、21世紀型の学校は「「質（quality）と平等（equality）の同時追求」
を根本原理として構想されている[6]」ことを指摘し、学びが成立する要件の
一つに「真正の学び（authentic learning）」を挙げている[7]。そして、「真正の
学び」とは「教科の本質にそった学びであり、数学は数学らしい学び、歴史は
歴史らしい学び、文学は文学らしい学び、音楽は音楽らしい学びを追求するこ
と[8]」だと説明する。

　他方で、ニューマン（Newmann, F. M.）らは「真正の知的な学び（authentic
intellectual achievement）」に関する議論を展開し、「知識の構築」「鍛錬された
探究」「学びの学校外での価値」の三つを基準に「知的成果についてのスタン
ダード」を作成している[9]。ニューマンらが論じる「真正の学び」はアチー
ブメントとしての学びであるが、評価の問題を含めて示唆に富んでいる。

　このauthenticityという言葉は翻訳が難しく、「真正さ」「真正性」などと訳
されるが、噛み砕けば「ほんもの」という意味である。そこで「真正の学び」
を理解する第一歩として、以下のワークに取り組んでみよう。

― ワーク6-1 ―

「ほんものの学び」という言葉から、どのような学びをイメージするでしょうか。
グループで聴き合って、お互いのイメージを交流してみましょう。

　どのようなイメージが交流されたであろうか。とくに翻訳語は、イメージを
共有することが難しい。そのような場合は、概念として検討したり、語源に
遡ってみたりすると、新たな気づきがある。

　佐藤は「真正性（authenticity）」の概念検討を行い、「「権威」「著者性」「真
正性」という概念が、「著者」という同一の語源から派生した」ことを明らか
にし、「「著者」の消失を導いた近代の歴史的構造が隠されている」ことを示し
た[10]。この「歴史的構造」とは、フーコー（Foucault, M., 1926–1984）が提起し

79

た「作者の消失[11]」を意味し、「「著者（author）」は書籍のなかへと消失し、個人に帰属していた知識は公開され制度化して「権威化（authorized）」された[12]」ことである。この佐藤の概念検討は、トリリング（Trilling, L., 1905–1975）、テイラー（Taylor, C., 1931–）、アレント（Arendt, H., 1906–1975）の思索に拠っているので、理解の助けとして、それぞれを簡単に紹介しよう。

「真正性」という言葉は、本来、芸術作品の真贋や作品に対する評価を判定する場で用いられていた言葉であった。トリリングは、シェイクスピアなどの英文学の研究を通して、近代ロマン主義文学に「誠実（sincerity）」と「ほんもの＝真正性（authenticity）」を見出した。そして「真正性」は「存在の本質を表示し、私たちがそれに与える高い価値を説明してくれる言葉[13]」であり、人間の生き方とかかわって「倫理的通り言葉（スラング）[14]」に変質したことを指摘する。テイラーは、「真正性」は、「内面から発せられる声[15]」に従いながら他者との対話によって形成される理解可能性の地平において、「みずからより多くの責任を引き受ける生き方[16]」としての倫理的概念だとする。アレントは、権威（authority）概念の研究において、権威と著者性（authorship）が同一の語源をもつことを示した[17]。

以上、三者の概要を、かなり大雑把に示した。要点は、著者性が失われて書籍が権威化された結果、真正性が失われたということである。このことから、われわれが真正性を実現（回復）するためにたどるべきプロセスがみえてくるだろう。すなわち、著者性の喪失が真正性を失った原因であるから、著者性を回復することで真正性の実現が可能だと考えられる。

著者性を授業に即して考えてみよう。教師側から考えれば、教師自らが教材研究などを通して探し出した資料や、オリジナルな授業展開などが該当する。子ども側から考えれば、子ども１人ひとりの感じ方やわかり方、あるいはつまずき方などが著者性になる。教師にとっても子どもにとっても、著者性によって「真正の学び」が生まれるのである。

さらに、学びの対象となる資料などの教材に焦点を当てて、真正性と著者性を考えてみよう。教科書や資料集等は、重要な学びの素材である。教師を料理人にたとえれば、これらの素材を活かし、美味しい料理（＝授業）をつくるための腕が問われる。教科書や資料集を読んだり解説したりするだけでは、素材

のまま提供することと変わらない。素材を活かすための調味料やスパイスなどの味付け、素材の組み合わせ方などを含め、調理方法は料理人によって異なる。だからこそ、教師は絶えず学び続け、素材の活かし方の工夫を続ける必要がある。第7章で詳しく扱われる内容だが、教室における学びは「自己との対話」「他者との対話」「対象との対話」の三つの対話によって成立する。学びの対象（＝教材や資料）そのものが「ほんもの」の世界でなければ、子どもたちの対話は生まれにくく、学びも深まらない。

　「真正の学び」や「深い学び」というと難しく感じるが、教師が自分の教科を夢中になって学び続けていれば、じつはそれほど困難なことではない。教えること以上に、自分が学ぶことを楽しむこと。これができれば、著者性の回復と真正性の実現の扉は、おのずと開かれるだろう。

3．教師に求められる授業観の転換──一つの物語から複数の物語が響きあう授業への転換

　授業の準備をするときに、教師は教材研究を綿密に行い、学習指導案（以下、指導案）を作成する。指導案とは、単元目標、単元観、教材観、評価規準などをふまえ、本時の目標と本時の展開を示す1コマ分の授業計画（**プラン**）である。指導案の項目のなかでも、本時の展開は作成する際に頭を悩ますものの一つであろう（表6-1参照）。本時の展開は、子どもの反応も含め、あらゆる事態を想定しながらプランニングしていく、いわば1時間分の授業の**シナリオ**になる部分だからである。

　指導案では、多様な発問を準備し、それに対して予想される子どもの反応（答え）も書き込むことが多い。経験豊かな教師であれば、発問に対する反応は、誤答も含めて、かなりの数を想定するだろう。そして、それらの反応に応じた授業の展開を可能な限り用意し、シナリオを考えていくことになる。

　指導案はプランである以上、教師が考えた"一つの物語"にすぎない。しかし、実際の授業では、子ども1人ひとりの学びの物語が生まれている。それゆえ、同じ指導案でもクラスが違えば異なる授業展開になる。たとえば、落語家が同じネタを演じても、仕上がりが毎回違うことと似ているだろう。落語家は、

本　時（全○時間中の第◆時）

（1）　本時の目標

- ・本時において児童・生徒にどのような力を身に付けさせるのかを記述する。
- ・「～する」、「～することができる」など、児童・生徒の立場で記述する。

（2）　本時の展開

時間	○学習内容　・学習活動	指導上の留意点・配慮事項	評価規準（評価方法）
導　入 ○分	・既習事項を確認し、本時の目標を把握する。 ・学習の進め方を知り、学習の見通しをもつ。	・板書きで目標を明示する。 ・○○を示して○○○について課題意識をもたせる。	
展　開 ○分	・学習活動の流れと学習する内容が明確になるように記述する。 ・主発問と予想される児童・生徒の答え、補助発問等を記載する。 ・「主体的・対話的で深い学び」の実現を図る。 《○「学習内容」の記述例》 ○地図を見て、学校の周りの様子と市街地の様子を比べて、違いや共通点の気付く。 ○□□の性質を理解する。 《・「学習活動」の記述例》 ・△△の変化について、実験結果を確認する。 ・○○について気付いたことを意見交換する。 ・意見交換を基に、自分の考えをまとめる。	・本時の目標を達成するための具体的な指導や工夫等について記述する。 ・児童・生徒が課題を達成するための指導の工夫・改善等について具体的に記述する。 ・教師の指示や説明の目的も記述する。 ・授業中の評価で評価規準に達していない児童・生徒に対する更なる留意点を具体的に記述する。 ・学習内容によって、安全や健康面への配慮や個別の対応を必要とする場合に記述する。 ・TT等の複数の教員が関わる授業では、それぞれの教員の役割を明確にして記述する。 《「指導上の留意点・配慮事項」の記述例》 ・△△の変化について、観察の様子と関連付けて考えさせるようにする。 ・○○の視点、□□の方法で意見交換を行うよう、助言する。 ・まとめたことを、学習のねらいに即して価値付ける。	・本時で身に付けさせたい力を、どの学習活動のどのような児童・生徒の姿から把握するのか、展開の中で位置付ける。 ・効果的・効率的な評価のために評価規準を明確に記述する。 ・具体的な評価をする際のポイントや手だてを記載してもよい。 《記述例》 ウー① ○○について資料を収集し、○○して必要な情報を読み取ったり、まとめたりしている。 （ノート記述の内容）
まとめ ○分	・本時の学習について振り返る。 ・次時の学習について見通しをもつ。	・本時の目標の達成に向けた実現状況を確認する。 ・次時の学習への見通しをもたせる。	

《評価方法の具体例》
- ・ノート、ワークシート、板書等の記述
- ・授業中の発言の観察（教師の発問に対する応答、挙手による発言、話合い活動等）
- ・課題に対する実際の活動の内容（（例）理科：実験に取り組む様子、体育：運動に取り組む様子）等の観察
- ・学習活動に即した具体的な評価規準は「3　単元（題材）の評価規準」の内容を記述する。

表6-1　学習指導案の「本時の展開」の作成例（東京都教職員研修センター）

客層や会場の様子、マクラの反応などによって、ネタの演出を変えたり、ネタそのものを変えたりすることもある。名人といわれる境地に至れば至るほど、その場に応じて当意即妙に**即興的な判断**によって、ネタを演じ上げていく。かつて、教師の仕事は、チョーク＆トークだと揶揄された時代があった。落語家と教師を直接比較することは難しいが、語りで観客や生徒をひきつけ楽しませるという意味では、両者に共通している部分もあるだろう。このように考えれば、たとえ一方通行的な講義型の授業であっても、まったく同じ授業の再現は不可能である。

　授業のなかで生まれる差異にこそ、子どもたちの考えが響きあい、豊かで深い学びが生まれる可能性がある。教師が事前に準備した物語からの逸脱を面倒だと考えるか、逸脱そのものを学びの機会だととらえて想定外の物語を楽しめるかによって、子どもたちの学びの質が変わってくる。

　新指導要領が現実的に求めているのは、子どもたちの学び方の転換だけではないだろう。子どもたちは大人から教えられるまでもなく、すでに豊かな創造性や想像力や思考力をもっている。子どもたちがそれらを授業で十分に発揮し活かせるかどうかは、教師に委ねられているといってよい。新指導要領が求めているのは、子どもの学び方以上に、教師の学習観と授業観の転換である。

4. グループ学習の種類

　「主体的・対話的で深い学び」を実現するためには、ペアやグループにおける対話を中心にした「**協同的学び**」をデザインする必要がある。

　それでは、ペアやグループを組めば、すぐに学びが生まれるのだろうか。実際に授業でグループ学習を取り入れてみれば気づくことだが、対話はもとより、学びも簡単には生まれない。子どもたちが異質な他者とともに学び合うには、教材や発問の工夫（＝課題設定）、子ども同士の関係づくり、座席配置を含めた学習環境の整備など、多くの工夫や援助が必要になる。グループ学習に関して、以下のワークに取り組んでみよう。

―― ワーク6-2 ――
いままで経験したグループ学習を振り返り、グループ学習のメリット・デメリットを、3〜4人のグループをつくって整理してみましょう。

　ワークを通して、多種多様なグループ学習のあり方を確認できたのではないだろうか。教師の創意工夫によって、グループ学習のさまざまな方法と実践が生み出されているのである。しかし、そのうちの一つだけが絶対的に正しいグループ学習の方法ということにはならない。授業は、教師の創意工夫で創造される、まさに著者性あふれる営みだからである。そうはいっても、実践を創造するうえで、何らかの手がかりやモデルは必要であろう。そこで、佐藤による分類（**小集団学習・協力学習・協同的学び**[18]）に従って、既存のグループ学習を整理しよう。

小集団学習・班学習

　小集団学習や班学習は、集産主義のイデオロギーと社会政策を背景に、1930年代にソ連とアメリカと日本で成立したとされる。戦後の日本では、1960年代にソ連の心理学者・マカレンコの集団主義教育の影響を受け、全国生活指導研究協議会（全生研）が「学級集団づくり」を推進し、再び小集団学習が全国へ普及していった[19]。学習班や生活班という呼称は、その名残としていまでも残っている。

　小集団学習の方式は、次の三つに整理できる。一つ目は、主に6人で班を構成し、班長（リーダー）を決めること。二つ目は、班長の自主性を重んじること。三つ目は、班内で団結して学ぶことである。この方式では、グループで一つの意見や考えをまとめる際に、班長のリーダーシップのもとで効率よく行うことができる。班長が司会を務め、書記、ホワイトボードなどにまとめる人、発表する人といった役割を割り振って、学習を進めることが想定できる。生活科や総合的な学習の時間、あるいは各教科の授業などで経験したことがあるのではないだろうか。

　小集団学習は、作業が中心となる授業では機能するが、深さを追求する探究的な学びでは注意する必要がある。たとえば、班長のリーダーシップが強くな

りすぎた場合を考えればよい。自ら発言することが苦手な子どもの意見をはじめ、マイノリティの発想が学びに十分に活かされない可能性がある。教師が各グループの人間関係を把握し、全員を学びに参加させるために、状況に応じて的確なアドヴァイスをする必要があるだろう。

協力学習

　協力学習は、1980年代に、アメリカのジョンソン兄弟によって定式化された方式である。彼らは、人類が協力によって発展してきたことに注目し、適者生存や弱肉強食といった競争原理を「神話」として批判した。そして、「競争か協力か」「個人か集団か」をめぐる実証的研究によって、「競争意識の高い個人がより成功する可能性が高い専門領域というのは、これまでのところ見つかっていない」と結論づけ、「グループ（集団）による協力」を学習方法として提唱した[20]。

　ジョンソン兄弟の協力学習に関する書籍は1984年に出版された。その頃は、レーガノミクスやサッチャリズムに代表される新自由主義が席巻し、選択の自由と競争が称揚され、あらゆる責任を個人で負うことが強調されていた。このような時代状況で、授業の様式のパラダイム転換を促し、競争よりも協力の有効性が示された意義は大きいと考えられる。

　さて、この協力学習は、日本では「話し合い」や「教え合い」として定着したグループ学習の方式である。グループは4人前後で構成されることが多く、ある議題や課題（問題）をグループで話し合って解決する。あるいは、グループのなかで問題を解けた生徒が、まだ解けていない生徒に対して教えることで、グループの全員が問題を解けることが目指される。まさに「協力」が重視されている。

　しかし、協力学習は生産性（効率）が上がる一方で、注意しなくてはならないことが可能性として三つ想定できる。一つ目は、教える生徒と教えられる生徒が固定化される可能性である。教える－教えられる（支配－被支配）という権力関係が固定化されてしまうと、ダイナミックで深い学びを妨げかねない。二つ目は、全員が同時に解けることや理解することを過度に強調しすぎると、課題や問題の質の高さと難しさを制限する可能性である。子どもの学び方は多

様であるとともに、わからなさやつまずきも多様である。そういった多様性を尊重し、すべての子どもの学びが保障される課題設定を考える必要がある。三つ目は、グループ内の話し合いは活発になるが、議論が深まらない可能性である。各グループの話の内容に注意深く耳を傾けてみたい。すでに知っていることや、単なる思いつきだけを交流していることが多い場合には、課題が簡単すぎたと判断し、探究のレベルを上げるとよいだろう。

協同（働）的学び・協同（働）学習

　協同的学びは、ヴィゴツキーの最近接発達領域の理論とデューイのコミュニケーションの理論にもとづいている。小集団学習や協力学習のような方式とは異なって、協同的学びは理論に支えられている。したがって、実践するためには理論の理解が不可欠であるので、第3章を復習してもらいたい。

　協同的学びは、主に4人もしくは3人グループ（可能な限り男女混合）で行われ、個々人の考えを擦り合わせることで学びが深められていく。1人ひとりの子どもにとって、わかったこと、わかるまでのプロセス、あるいはわからないことは、それぞれ異なっている。それらをグループ内で、ときには教室全体で交流することによって、学びを深めていく。

　協同的学びの成立に欠かせないことは、他者とともに探究できる課題（発問）である。また、探究に必要な資料の準備も必要である。教師が探究的な課題を最近接発達領域に設定できるか否かで、協同的学びの質は左右される。1人でも解決できてしまう問題であれば、友だちとの対話を通して学ぶ必要はない。グループ内でどれだけ知恵を絞っても、誰もが手も足も出ない難しい問題では、対話すら起こらなくなってしまう。解けそうで解けない。しかし、資料や教材を読めば手がかりがありそうで、挑戦したくなるような課題が、最近接発達領域に設定された課題だといえる。

　理論は理解できたとしても、実際にどのように課題や発問をつくったらよいかイメージがわかな

いかもしれない。しかし、「真正の学び」とは、教科の本質に即した学びであった。最近接発達領域に設定される課題は教科や学級や子どもによって異なるし、ましてや汎用性の高い課題の事例集を作成することも困難だろう。それだけ、協同的学びとは、教師に対して教科内容に対する専門性の高さと教養、子どもの学びの様子をみてとる力を要求する、学びのあり方なのである。

　しかし、どれだけ課題設定がよくても、子どもたちのあいだに学び合える関係ができていなければ、グループ内での対話は起こらない。したがって、協同的学びには子どもたちの関係づくりも欠かせない。その際に重要なことは、わからないことがあったときに、友だちに「わからないから、教えて」と訊ねられることと、訊ねられたわからなさに応答できることである。この二つの「きく（訊く・聴く）」ことは、協同的学びに不可欠な**学びの作法**となる。そのため、子どもたちは「学びの作法」を習慣化する必要がある。しかし、わからなさを友だちに伝えることは、子どもたちにとっては恥ずかしさをともなうため、教師の声かけも必要になる。たとえば、周りの友だちに訊けずに固まっている子に「わからないときは、友だちに訊いてごらん」といった声かけをしてみるとよいだろう。あるいは、友だちの発言を聴いていなかった子には、「聴いてなくてごめんね。もう一度聴かせて、とお願いしてごらん」と促すことも必要になる。このように、子どもたちは具体的な場面を通して作法を身につけていく(21)。さらに重要なことは、「わからないこと」が最も尊重される教室文化を創造することである。子どもたちは「わからなさ」でつながることで、互いに支え合い、学び合っていく。

　なお、わからないときに自ら訊くことは、学校だけでなく、社会に出てからも必要になる。また、自分が苦手とする相手に訊ねられたときに、無視せずに聴くことは、社会生活を営むうえで必要だろう。つまり、この二つの「きく」は、社会性を育むうえでも欠かせないのである。なお、「聴く」ことに関しては、第9章で詳しく扱う。

5. プランからデザインへ——「真正の学び」を実現するための授業デザイン

　知識伝達型の一斉授業では、知識量に加えて、個々の知識の理解が重視されていた。いわば情報としての知識である。しかし、これからの知識基盤社会では、知識のネットワークが必要となる。言葉は文脈に位置づけられてはじめて意味が生まれるように、知識もつながりのなかではじめて意味をもち機能する。そのためには、知識を文脈に位置づけて表現することが欠かせない。具体的な文脈に知識が位置づけられたとき、その知識の理解を深めることができる。いわゆる基礎・基本は、このように活用を通して獲得され習熟していく。したがって今後は、教科内容の知識の蓄積だけでなく、文脈に応じて知識を再構成することが求められる。これらが、授業をデザインするという発想の根本にある。

　前節までで、協同的学びを実現するために必要な要点を整理した。最終節では、授業をデザインすることに焦点を当てて再整理しよう。

　授業のデザインは、子どもたちが知識を活用し探究する課題づくりに尽きる。そのためには、その課題を通して何を子どもたちに学ばせたいのか（＝「めあて」や「ねらい」、単元目標や本時の目標）を、教師自身が明確にしておかなくてはならない。課題はただ難しければよいのではなく、最近接発達領域に応じた探究的な課題設定が必要になる。一方で、いきなり情報としての知識ももたずに、探究的な課題に取り組むことは困難であるから、授業の前半で基礎・基本のポイントを学ぶことも必要である。

　しかし、基礎・基本に時間をかけすぎることには、注意が必要である。一般的に、すべての子どもに同時に基礎・基本を理解させようとすると、説明が冗長になって時間がかかりすぎる傾向がある。たとえば、家電製品の取扱説明書を考えてみよう。われわれは、取扱説明書を隅々まで熟読し、すべてを理解してから操作をはじめるだろうか。必要そうな部分だけ読んで、とりあえず使っていないだろうか。そして、わからなくなったときに説明書を読み、操作に習熟していくのではないだろうか。極端かもしれないが、教師が取扱説明書をす

べて説明するかのような授業をしていると想定すれば、一斉授業における教師の長い話がいかにツマラナイかわかるだろう。

したがって、授業の前半で基礎・基本の要点のみを確認し、後半の探究的な課題で知識の活用を通して理解を深めることが、**授業デザイン**の基本的なモデルになるだろう。そして、単元がある程度進んでくれば、授業の冒頭から探究的な課題に取り組むことも可能になる。

しかし、教師は、従来の指導案をつくれなくてよいわけではない。指導案の作成には、発問や教材の配置を含めて、1時間の授業を構造化できる能力が求められる。すなわち、教科内容や学問の知識を構造的に理解し、表現できることは、教師として必要最低限の教養である。さらに今後は、教科に関する知識をデザインし、授業をデザインしていくことが求められているのである。そこに「真正の学び」は生まれる。そのために教師は、国語であれば文学を、社会であれば歴史学・政治学・経済学・哲学等、理科であれば物理学・生物学……といったように、たゆまぬ学問的探究が必須なのである。

注

（1）　溝上慎一『アクティブラーニングと教授学習パラダイムの転換』東信堂、2014年を参照。

（2）　第四次産業革命に関して詳しく知りたい場合は、クラウス・シュワブ『「第四次産業革命」を生き抜く――ダボス会議が予測する混乱とチャンス』日本経済新聞出版社、2019年を参照のこと。

（3）　松下佳代「序章　ディープ・アクティブラーニングへの誘い」松下佳代・京都大学高等教育研究開発推進センター編『ディープ・アクティブラーニング――大学授業を深化させるために』勁草書房、2015年、9頁。

（4）　同上、18–19頁。

（5）　同上、18–19頁。

（6）　佐藤学『学校を改革する　学びの共同体の構想と実践』岩波書店、2012年、9頁。

（7）　佐藤は、「真正の学び」「学び合う関係（聴き合う関係）」「ジャンプのある学び（創造的・挑戦的学び）」の三つを、学びが成立する要件として説明している（同上、33頁）。

（8）　同上、33 頁。

（9）　フレッド・M・ニューマン（渡部竜也・堀田諭訳）『真正の学び／学力——質の高い知をめぐる学校再建』春風社、2017 年参照。

（10）　佐藤学「教室という権力空間——権力関係の編み直しへ」『教育学年報 3　教育の中の政治空間』世織書房、1994 年、19 頁。

（11）　ミシェル・フーコー（清水徹・根本美作子訳）「作者とは何か」『フーコー・コレクション 2　文学・侵犯』ちくま学芸文庫、2006 年、371-437 頁。

（12）　佐藤、前掲論文、19 頁。

（13）　ライオネル・トリリング（野島秀勝訳）『〈誠実〉と〈ほんもの〉——近代自我の確立と崩壊』筑摩書房、1976 年、129 頁。

（14）　同上、129 頁。

（15）　チャールズ・テイラー（田中智彦訳）『〈ほんもの〉という倫理——近代とその不安』産業図書、2004 年、35 頁。

（16）　同上、101 頁。

（17）　ハンナ・アレント（引田隆也・齋藤純一訳）「権威とは何か」『過去と未来の間——政治思想への 8 試論』みすず書房、1994 年参照。

（18）　佐藤学『専門家として教師を育てる——教師教育改革のグランドデザイン』岩波書店、2015 年、106-109 頁参照。

（19）　大西忠治『集団主義教育入門』国土社、1990 年など参照。

（20）　ジョンソン、D・W／ジョンソン、R・T／ホルベック、E・J（石田裕久・梅原巳代子訳）『改訂新版　学習の輪——学び合いの協同教育入門』二瓶社、2010 年参照。

（21）　「学びの作法」の具体的事例としては、古屋和久『「学び合う教室文化」をすべての教室に——子どもとともに創る教室文化』世織書房、2018 年を参照のこと。

【読書案内】

①石井順治『「対話的学び」をつくる——聴き合い学び合う授業』ぎょうせい、2019 年。

②古屋和久『「学び合う教室文化」をすべての教室に——子どもとともに創る教室文化』世織書房、2018 年。

　両書とも、実践者ならではの視点と筆致で、協同的学びの実践が教室の事実にもとづいて細やかに描かれている。「学び合い」を事例から学ぶための良書である。

③④佐藤学『学び合う教室・育ち合う学校——学びの共同体の改革』小学館、2015 年、『学びの共同体の挑戦——改革の現在』小学館、2018 年。

学びの共同体の学校改革の事例から、協同的学びにおいて基礎・基本にあたる「共有の課題」と、仲間と探究する「ジャンプ課題」の事例が多数紹介されている。真正の学びのヴィジョンをもつための必読書である。

⑤**三宅なほみ・東京大学 CoREF・河合塾編『協調学習とは――対話を通して深めるアクティブラーニング型授業』北大路書房、2016 年。**

認知科学や学習科学の知見にもとづいた「知識構成型ジグソー法」の理論の解説とともに、各教科の実践事例が豊かに示されている。

参考文献

稲垣忠彦・佐藤学『授業研究入門』岩波書店、1996 年。

佐伯胖・藤田英典・佐藤学編『シリーズ学びと文化①　学びへの誘い』東京大学出版会、1995 年。

佐藤学『学校を改革する――学びの共同体の構想と実践』岩波書店、2012 年。

佐藤学『専門家として教師を育てる――教師教育改革のグランドデザイン』岩波書店、2015 年。

（齋藤智哉）

第7章
メディア(ICT機器)を授業でどのように活用するのか?
教育の方法におけるメディアの活用

1．メディアとしてのICT機器

　本章ではメディアを用いた教育の方法について考えていく。ここでいうメディアとは、マスメディアやソーシャルメディアを指すのではなく、主に**ICT機器**を意味している。PCやプロジェクター、電子黒板やデジタル教科書など、多くのICT機器が、黒板、教科書、ノートや鉛筆で構成されていた従来の授業の風景を変えた。ICT機器は、もはや教室にあたりまえに存在するものとなっている。そうしたICT機器を、本章ではメディアと称し、他者とつながるための**媒介**としてとらえ直していくことにしたい。

　ところで、小学校や中学校の授業に訪れるたびに驚くのが、若い先生たちの、PC、スマートフォン、タブレット端末といった機器の授業への活用の仕方である。パワーポイントを用いて授業を進めるのはいうまでもない。タイマーは、音と映像で時間を知らせるスマートフォンのアプリの画面に置き換えられている。動画を再生するにも、もはやDVDデッキやDVDプレーヤーは必要ない。子どものノートや資料をプロジェクターやディスプレイに映すための書画カメラは、ディスプレイに有線か無線で接続されたスマートフォンやタブレットのカメラが代用してくれる。音楽のギター演奏の際の指の押さえ方を教示するのにも、わざわざ子どもたちを教師の近くに呼び寄せる必要はもはやない。演奏する教師の手元を端末のカメラでとらえ、ディスプレイ等へ写せばよい。ICT機器を授業へと活用した姿は、すでに日常の光景となりつつある。そこでまず、以下のワークに取り組んでもらいたい。

第 7 章　メディア（ICT 機器）を授業でどのように活用するのか？

━━ ワーク7-1 ━━

【ICT 機器の授業への活用】
上に示した例以外に、授業で PC、スマートフォンやタブレットをどのように活用できるでしょうか。グループで話し合ってみましょう。

　どのような活用方法が考えられただろうか。ICT の革新と教育へのかかわりが、今後さらに強力に進むことが予想される。2019 年現在、日本政府はsociety5.0 という施策を強力に推し進めようとしている。Society5.0 は、家電や車などあらゆるものがネットにつながった IoT（Internet of Things）を基盤として、その活用を通してすべての人がつながっている社会を意味している。この Society5.0 の社会のなかに学校も含まれていることはいうまでもなく、それは学校がネットを通して社会とつながっていくことを意味するだろう。この意味では、授業と ICT 機器との関係も大きく変わる可能性がある。しかし、Scociety5.0 という社会とその社会における学校のあり方、そしてそこでの授業の姿についてはまだみえてこない。Society5.0 という次元においては、授業において ICT 機器をいかに活用するのかという現在のレベルとは異なった議論も必要となってくるだろうという予測しかできない。

　つまり、現時点において ICT 機器の授業への活用の仕方を考えることにはあまり意味を見出せない。すでにある ICT 機器については、その使い方はいまさら考え、教えられるものではなく、使うことがあたりまえのものである。そして、まだない ICT 機器についても同様であろう。おそらく、今後どのような ICT 機器が登場したとしても、ICT 機器は、誰かに教えられなくても自然に授業に持ち込まれていくだろう。

　ところで、ATC21s（Assessment and Teaching in 21stCentury Skills）が提唱する「21 世紀型スキル」のように、情報リテラシーや、情報機器を使うスキルを学力として位置づける動きもある。ATC21s と同様に OECD の DeSeCo（Definition and Selection of Conpetencies: Theoretical and Conceptual Foundation）による「キーコンピテンシー」も新たな学力観を提示するものである。この「キーコンピテンシー」のなかでも、「21 世紀型スキル」と同様に、「テクノロジーを活用する能力」が「キーコンピテンシー」の一つとして挙げられている。

93

たしかに、これからの時代を考えるにあたり情報機器を使うスキルや「テクノロジーを活用する能力」が必要であることはいうまでもない。それゆえに、授業においても ICT 機器の活用が望まれるのも妥当なことである。しかし、ATC21s には、インテルやマイクロソフトといった IT 企業が、そして DeSeCo にはピアソンという巨大な教育企業がスポンサーについている[1]。つまり、テクノロジーの活用能力とそのための ICT 機器の授業における活用という背景には、教育学的な背景のみならず資本主義的な背景が入り込んでいる。資本主義と教育という問題が十分に論じられていない現在、ICT 機器の授業への活用を教育学的背景から問い直してみる必要があるだろう。

したがって、この章では、そもそも学びにとっての道具の意味づけ、そして ICT 機器を授業に活用していくことの意味を考えていく。

2．学びと道具はどのように関係するのか

学びにおいて**道具**は、手段であると同時に媒介として意味づけられる。媒介とは、何かと何かを仲立ちする、何かと何かをつなぐという意味である。たとえば、この原稿を書くのに私は、紙に直接指にインクを付けて書いているわけではない。一昔前であれば、ペンという道具を媒介して書いたであろうし、現在は PC を媒介にして書いている。すなわち、人は何か行為しようとするとき、多くの場合、道具を媒介として行為している。この点が、人と動物とを区別する点である。そして、学びという行為においても多くの道具が媒介している。

学びに関して考えるとき、媒介、すなわち何かと何かを仲立ちするという考え方は奇異に聞こえるかもしれない。この節では、学びにおける道具の媒介について考えていきたい。

道具は何と何を媒介するのか①——学びのドーナッツ理論

第 3 章で述べた「最近接発達領域 (zone of proximal development)」や、ワロン (Wallon, H., 1879–1962) の自

我発達論[2]、そして、レイヴ（Lave, J., 1939–）とウェンガー（Wenger, E., 1951–）の「正統的周辺参加論[3]（Legitimate Peripheral Participation）」などから示唆を受け、佐伯胖（1939–）は、「学びのドーナッツ理論[4]」（図7-1）を提起している。この「学びのドーナッツ理論」であらわそうとするのは、文化的実践への参加としての学びとそこでのアイデンティティの変容である。

図7-1　学びのドーナッツ理論
出所）佐伯胖『「学ぶ」ということの意味』岩波書店、1995年、66頁。

　この理論は、Ｉで示される学び手が、学習内容という本来見知らぬ外界（THEY世界）へ認識を広げ、深めていくためには、必ず二人称的世界（YOU世界）とのかかわりを経由するということを説明しようとしている。第3章の「最近接発達領域」との関連で言い換えるならば、Ｉという「現下の発達水準」とTHEY世界という「潜在的発達水準」があり、その差異（間）が他者とのコミュニケーション、協同の領域であり、発達の生じるYOU世界であるということになる。

　本章の目的である道具の媒介という点において重要となるのが、「接面」という概念である。この理論では、同心円状のドーナッツの図式以上に、そこで生じる接面が重視されている。また、佐伯は、ドーナッツの図式を採用した理由を道具（artifact）の使用による私と他者（あなた、彼ら）のかかわりと、道具が作用する対象世界をあらわすためだとしている[5]。

　「学びのドーナッツ理論」における接面は、二つの世界とのやり取り、コミュニケーションの場を意味している。そして、道具は、異なる世界間を媒介する役割を果たしている。道具との出会いは、道具の背景にある文化や社会との接触を意味している。たとえば、金槌やのこぎりといった道具と出会うことで、この道具は何をするものだろう、どう使うのだろうと金槌やのこぎりの背景にある文化について考える。そして、金槌やのこぎりの使い方を学び、道具を自由に使いこなすことは、ものづくりの文化を学ぶことでもあり、ものづくりの文化的実践へと参加していくことでもある。また、金槌やのこぎりの使い

方を学ぶのが、YOU 世界であり、他者とのコミュニケーションや協同による。言い換えるならば、YOU 世界において、道具の使い方を他者と学ぶことにより、道具のもつ意味やその文化そのものの意味を学んでいくことが文化的実践へ参加していくことである。

　以上のように、道具のもつ二つの側面がある。一つの側面は、道具と文化との関係である。音楽という文化には、音楽独自の道具が、スポーツという文化にはスポーツ独自の道具がと、それぞれの文化には、独自の道具がある。そして、その道具を使っていくこと（ときにはつくること）がその文化を実践していくことと深く結びついている。二つ目の側面は、道具とその使用者の関係の変化である。道具は最初、使い慣れず、使い方もわからなかった THEY 世界のものであったのが、次第に使い方もわかり使い慣れていき YOU 世界のものとなる。道具とその使用者の関係も変化する。

道具は何と何を媒介するのか？②——「学びの三位一体論」

　佐藤学（1951-）は、認知的次元、社会的次元、存在論的次元という三つの次元が一体になった営みとして学びをとらえている[6]。この「学びの三位一体論」は、知的な発達（認知的次元）と、人間関係の編み直し（社会的次元）と自分の編み直し（存在論的次元）を学びととらえている。そして、学びを対象（モノ）との出会い、他者との出会い、自己との出会いと佐藤は考えている。（図7-2）

　「学びの三位一体論」と先にみた「学びのドーナツ理論」は、二つの点で、同様のことを明らかにしようとしている。一つは、学びを対話として位置づけている点である。もう一つは、「学びのドーナツ理論」も、「学びの三位一体論」と同様に三つの次元での変容を学びととらえている点である。

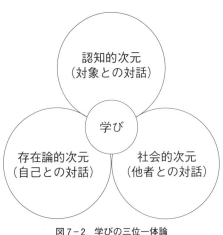

図7-2　学びの三位一体論
出所）筆者作成。

第7章 メディア（ICT機器）を授業でどのように活用するのか？

すなわち、「わかる」という認知的次元、YOU世界という社会的次元、そしてI世界の拡張や自己の編み直しという存在論的次元という三つの次元がどちらの理論においても考慮されている。

しかし、「学びの一体論」と「学びのドーナツ理論」において異なっているのは、その焦点の当て方である。「学びのドーナツ理論」は、ワロンの自我発達論の拡張が目的の一つである。その意味においては、I世界の拡張、すなわち学びの存在論的次元に焦点を当てようとする理論である。それに対して「学びの三位一体論」は、三つの次元のどこか一つに特化することなく、三つの次元の一体として学びをとらえようとする。

ところで、「学びの三位一体論」においても、学びにおける道具の役割が明らかになる。それぞれの次元における対話もしくは、出会いは、言葉によるばかりではない。道具を通して対象と出会ったり、他者と出会ったり、自己と出会ったりする。すなわち、自己と対象、自己と他者、自己と自己を媒介する役割を道具が果たすのである。たとえば、体育の授業で自らの身体の動きを見ようとタブレットを用いる。タブレットに録画された動画を見ることは、自己との対話をしていることである。自分の動きを見るという自己との対話は、タブレットなど、道具を用いることによって可能になる。また、ミクロの世界という対象との対話は、顕微鏡などの道具によって可能になる。

学びに関する二つの理論からは、学びにとっての道具の意味が明らかになる。道具を用いることで可能になるつながり、対話がある。このことが、学びにおいての道具の媒介としての意味である。そして、それはどのような道具でもよいというわけではない。その道具は、子どもがこれから参加しようとする文化とどのように媒介する道具なのか。このことは、ICT機器の授業への活用においても同様である。どのような文化を媒介し、子どもと何を媒介しようとするのかを考えなければならない。

3．媒介手段とのしての道具──発達に道具はどう関係するのか

この節では、学びという観点からではなく、発達という観点から道具について考えてみたい。第3章で扱ったとおり、ヴィゴツキーは高次心理機能の起源

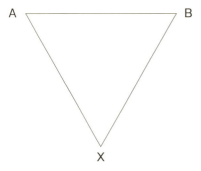

図7-3 分析の単位
出所) L.S. Vygotsky'Analysis of higher mental functions' in *The Collected Works of L.S. Vygotsky, Volume 4, The History of the Development of Highermental Functions*", R.W. Rieber (ed), Plenum Press, 1997, p.79.

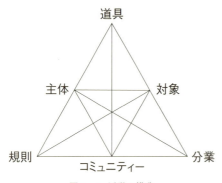

図7-4 活動の構造
出所) Y. エンゲストロム（山住勝広訳）『拡張による学習——活動理論からのアプローチ』新曜社、1999年、97頁より筆者改変。

を明らかにすることにこだわった。その結果、高次心理機能の起源を二つの点に見出した。一つが、心理間機能という、コミュニケーションや協同に高次心理機能の起源があるということである。もう一つが、道具の使用という点である。

ヴィゴツキーは、図7-3のような図で人間の道具の使用について説明しようとする。動物は、対象へと直接働きかけることにより、パブロフ（Pavlov, I., 1849-1936）が示す条件反射の刺激 - 反応として行動する。しかし、人間（A）は、対象（B）に対して直接働きかけようとするのではなく、通常道具（X）という媒介を通して対象（B）に働きかける。このことにより、単純な条件反射による刺激ではなく複雑な刺激を受ける。そして、その複雑な刺激とそれに対しての反応により、人間の複雑な高次心理機能が形成される。

主体 - 道具 - 対象という三項が、人間の発達の独自性にとって基本的な単位となる。それゆえ、この三項は、人間の発達を分析する際の分析の単位となる。この分析の単位は、その後さまざまなかたちで拡張されている。たとえば、エンゲストロム（Engestrom, Y., 1948-）は、図7-4のような形で主体 - 道具 - 対象の三項の分析単位を拡張している[7]。

このエンゲストロムによる分析の単位は、人間がどのように活動するのかということを構造的に示そうとするものである。しかし、本章の目的である学び

第 7 章　メディア（ICT 機器）を授業でどのように活用するのか？

における ICT 機器の活用という観点からすると、やや包括的すぎる。

　道具による媒介性とそのことによる人間の発達の独自性という点に焦点を当てたのがワーチ（Wertsch, J.V., 1947–）である。ワーチは、ベイトソン（Bateson, G., 1904–1980）の目の不自由な人と杖の例[8]を引きながら、道具を使用することによる自己の認知システムの拡張に着目する。目の不自由な人が、杖をついて歩いているとする。杖を通じて、さまざまな感覚がもたらされる。その際、感覚を感じているのは、杖と手の境界だろうか、それとも杖の先端だろうかとベイトソンは問う。そして、その際、自己の境界は、杖と手の境界なのか、杖の先端なのかと問う。このことを、以下のワークをもとに考えてみてもらいたい。

── ワーク7-2 ──

【道具の使用と認知、身体の感覚に関するワーク】

１．個人でペンを持って、いろいろなものに触れてみましょう。そのとき、物に触れていると感じているのはどこなのか（手なのか、ペンの先端なのか、ペンの中ほどなのかなど）を探ってみましょう。

２．３〜４人のグループをつくって、それぞれが感じたことをグループで交流し（全員順番に発表する）、ペンを持った自己の境界はどこなのか（手とペンの境界、ペンの真ん中など）について整理してみましょう。

　ワークはどうだっただろうか。身体感覚の違いから、気がつくことが多かったのではないだろうか。ワーチ[9]は、道具を使用することによる自己や認知システム、そして身体の拡張を表すための分析の単位を「媒介された行為者（mediated agency）」とする。「媒介された行為者」とは、「媒介手段を伴って操作する（諸）個人（individual (s) -operating-with-mediational-means)」と定義される。この分析単位の要点は二つある。一つ目は、行為する人間と使用する道具を切り離して考えるのではなく、人間と道具の一つのユニットとしてとらえようとすることである。すなわち、先ほどのボディーワーク7-2の1に対するワーチの答えがここにある。二つ目は、人間がただ道具を所持している状態ではなく、それが使用される状態、すなわち道具をともなった行為が着目されることである。自己や認知システム、身体の拡張は、道具の所持によって引き起こされるのではなく、その使用において生じるからである。

99

学びを創ろうとする際、「媒介された行為者」という単位で考える必要がある。この分析の単位は、学びにおける子どもの発達を分析しようとするのみの単位ではない。子どもの発達という観点から学びを創ろうとする際の単位でもある。つまり、「媒介された行為者」という分析単位が意味するのは、子どもは、どのような道具を用いてどのように行為しようとしているのかという視点で学びを考えるということである。

　さらに「媒介された行為者」という分析単位は、道具を用いて行為した結果、子どもにどのような拡張が生じるのかを考えることを要請する。すなわち、学びにおいて子どもが道具を用いて行為するとき、子どもにどのような変容が生じるのかということを問うことを意味している。ここでの変容は、単なる発達という意味での変容だけでなく、自己、認知システム、身体の拡張という変容を意味している。学びにおいて ICT 機器などの道具を用いることにより、子どもにどのような変容が生じているのかを問う必要があるということである。

　しかしながら、授業において ICT 機器をはじめとする道具を用いることが、子どもや教師にどのような変容をもたらすのかということに関しての十分な議論はない。そこで、ICT 機器など媒介となる道具が人にどのような変容をもたらすのか、以下のワークで考えてみよう。

── ワーク 7-3 ──

【スマホがなくなったらどうなる？】
もしスマートフォンがなくなったら困ることについて、グループで交流してみましょう。

　ワークを通してスマートフォンの存在を考えることで、それがなかった時代と比べ、さまざまなことが変化していることが想像できただろう。人間関係が変化しているのはいうまでもない。電話番号や何かの知識を記憶するという認知機能そのもののあり方が変化している。つまり、知との関係のとり方も変化している。そして、自らの記憶という知との関係も変化している。

　このように ICT 機器を含めて道具は、他者や知などの対象、そして自己との関係に変容をもたらすのである。そうであるならば、学びにおいて使われる

第7章　メディア（ICT機器）を授業でどのように活用するのか？

ICT機器などの道具が、どのような変容をもたらすのかを考える必要があるだろう。

4．学びにおけるICT機器の活用

　本章でみてきたように、メディアとしてのICT機器は、学びにおいて多く使われるようになった。

　ゲームを例に考えると、ゲームは、1983年のファミリーコンピュータ（任天堂）の登場以来、比較的古くから学びに活用されるメディアである。「信長の野望」などの歴史シミュレーションゲームや、「シム・シティ」などの経済シミュレーションゲームを嚆矢として、第2節でみた対象との対話において優れた道具であることが明らかになっている[10]。

　それは、学ぶべきコンテンツとしてであったり、またはある種の思考法を身に着けるためであったり、学びの評価のためであったり、学びへの動機づけのために優れた道具であったりする。対象との対話において媒介となるゲームと同様に、スマートフォン、タブレットやPCのアプリケーションによって、子どもも大人も学ぶ機会を得ている。

　CSCL（Computer-supported collaborative learning[11]）は、協調学習[12]においてコンピュータによる支援を行っている。ここでのコンピュータの役割は、eラーニングのように学習コンテンツを提供することではない。また、CAI（computer-assisted instruction）のように個人の学習を支援することでもない。CSCLでは、グループメンバー間のコミュニケーションの手段を提供したり、学習者同士の相互行為を足場掛けすることをコンピュータが支援する。

　たとえば、rTable[13]というCSCLソフトウェアがある。rTableでは、「司会者」、「提案者」、「質問者」、「要約者」という四つの役割が設定されている。この役割は、システムがランダムに割り振る。そして参加者は、この四つの役割を交代で担いつつ問題解決を行っていく。参加者は、サーバーへログインすると図7-5のようなインターフェースがあらわれる。ナビゲーションバーは、役割の交代などを参加者に知らせる。会話履歴では、メンバーの実際の発言が流れる。図7-5の画面中央にあるボードは、「要約者」が重要な発言を抽出し

101

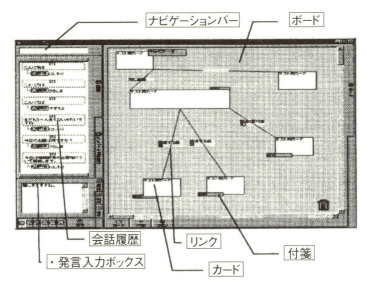

図7-5 rTableのインターフェース
出所) テレビジネスソフト Lagmirror, (http://soft.tele.jp/lagmirror/)。

可視化するために用いられる。このボードにより、参加者は議論の流れを見失うことがない。

自己との対話を媒介するメディア、ICT機器としては、ラグミラー[16]など動画遅延再生装置がある。これは、カメラの映像を遅らせて再生することで、数秒前の自分に出会わせるソフトウェアである。身体の動きを見ることが重要な体育科の授業などに多く用いられている。たとえば、図7-6のように用いられる。カメラでゴール下でのシュートの様子などをとらえる。そして、数秒後スクリーン、シュートの様子が映し出される。このようなシステムにより、子ど

図7-6 バスケットボールの授業における動画遅延再生装置
出所) 筆者作成。

もは、自らの動きを見ることができる。

5．ICT 機器を授業へ活用する際の視点

　ICT 機器の授業への活用にあたっては、次の二つの点が重要である。一つは、ICT 機器が子どもと何を媒介しようとするのかを考慮することである。ICT 機器がどのような文化と子どもたちを媒介するのか。そして、ICT 機器は、子どもと他者や自己を媒介するような道具であるのか。そのような点を考慮に入れることが、ICT 機器を教育方法へ活用する際には必要となる。そしてもう一つは、ICT 機器を使用する結果、子どもにどのような変容をもたらすのかを考慮することである。戦後日本では、テレビが家庭に普及したときから、ファミリーコンピュータなどの家庭用ゲーム機、Nintendo DS、あるいは Nintendo Switch などの携帯用ゲーム機、スマートフォンの普及に至るまで、その使用と子どもへの影響について多く論じられ続けている。それと同様に、授業に活用される ICT 機器が、子どもにどのような変容をもたらすのかを考慮する必要があるだろう。それは、ICT 機器を活用する結果、テストのスコアがどのくらい改善したのかというレベルでの議論ではない。ICT 機器を使用することにより、子どもの自己、認知システム、身体にどのような変容をもたらすのかを議論しなければならないのである。

注
（1）　黒田友紀「21 世紀型学力・コンピテンシーの開発と育成をめぐる問題」『学校教育研究』31（1）、2016 年、8 –22 頁。
（2）　H. ワロン（浜田寿美男訳）『身体・自我・社会──子どもの受け取る世界と子どもの働きかける世界』ミネルヴァ書房、1983 年。
（3）　J. レイヴ＆ E. ウェンガー（佐伯胖訳）『状況に埋め込まれた学習──正統的周辺参加』産業図書、1993 年。
（4）　佐伯胖『「学ぶ」ということの意味』岩波書店、1995 年。
（5）　同上、67 頁。
（6）　佐藤学「学びの対話的実践へ」『学びの快楽──ダイアローグへ』世織書房、1999 年。

（7）　Y. エンゲストロム（山住勝広訳）『拡張による学習——活動理論からのアプローチ』新曜社、1999 年。

（8）　G. ベイトソン（佐藤良明訳）『精神の生態学』新思索社、2000 年。

（9）　J.V. ワーチ（佐藤公浩訳）『行為としての心』北大路書房、2002 年。

（10）　C. スタインクーラー＆ K. スクワイア「ビデオゲームと学習」R.K. ソーヤー編（大島純他監訳）『学習科学ハンドブック　第 2 版　第 2 巻　効果的な学びを促進する実践／共に学ぶ』北大路書房、2016 年。

（11）　G. シュタール、T. コシュマン＆ D. サザーズ「コンピュータに支援された協調学習」R.K. ソーヤー編（大島純他監訳）『学習科学ハンドブック　第二版　第 2 巻　効果的な学びを促進する実践／共に学ぶ』北大路書房、2016 年。

（12）　協調学習とは、グループ内でのメンバーの役割を明確にし、メンバーがその役割を果たすことによって対話的に学びを行う学習。詳しくは、三宅なほみほか『協調学習とは——対話を通して理解を深めるアクティブラーニング型授業』北大路書房、2016 年。

（13）　中原淳他「議論を通した協同的な問題解決を支援する CSCL 環境の開発」『日本教育工学雑誌』vol.24、2000 年、97-102 頁。

【読書案内】

① R.K. ソーヤー編（大島純他訳）『学習科学ハンドブック　第 2 版　第 2 巻　効果的な学びを促進する実践／共に学ぶ』北大路書房、2016 年。

　このシリーズは、3 巻からなる学習科学のハンドブックである。学習科学は、学習を主に心理学の視点から解き明かそうとする科学である。この 2 巻には、メディア、ICT 機器の活用された学習についての章が多くある。世界的にこの分野がどのように展開されているのかが理解できる。

② J.V. ワーチ（佐藤公浩訳）『行為としての心』北大路書房、2002 年。

　メディア、ICT 機器に限らず、人間が道具を用いるということの心理学的意味を問おうとしている。道具の使用に人間の発達の独自性を見出したヴィゴツキーの考え方の拡張を試みようとしている。

（長澤貴）

第 8 章
カリキュラムと評価を考えることはなぜ重要なのか？
カリキュラムと評価を授業づくりに活かす

1. カリキュラムとは何か

　カリキュラムとは何かと尋ねられたら、何を思いうかべるだろうか。大学の
シラバス、学習計画、教科書の内容、年間の授業時間数などを思い浮かべる人
もいるかもしれない。日本では、1951（昭和 26）年に告示された学習指導要領
において、カリキュラムは「**教育課程**」とはじめて訳された。日本の公式文書
において、教育課程は「**学習指導要領**」の教育内容をあらわす。そして、1958
（昭和 33）年に学習指導要領が官報に告示されて以降、学習指導要領は法的拘
束力をもつようになり、公的な枠組みとしてとらえられている。

　こうした公的な枠組みとしてとらえるカリキュラムの考え方は、「カリキュ
ラム」の狭いとらえ方である。カリキュラムという言葉は、ラテン語の「走
る」を意味する「クレレ（currere）」を語源として、走路、競走場、自分の進
むコースとしての履歴、そして人生の行路・生涯などの意味を含む。現在は、
学校教育などに提供される、組織的・計画的に編成された教育内容をあらわす
用語として使用される場合が多いが、本来的には、人生の過程で影響を受けた
さまざまな学習経験の総体という広い意味を含んでいる。もちろん、カリキュ
ラムは継承されるべき文化遺産や学習者の実態や社会的要請によって決定され
る、公的な枠組みとしての一側面もある。しかし、カリキュラム研究の展開の
なかで、カリキュラムは、「学びの経験の総体」として、教育内容や計画だけ
でなく、学校における授業と学びの経験のすべてをあらわし、その構造や評価
も含む包括的な営みとしてとらえられている。

　今日の日本においても、カリキュラムは公的枠組みとしての教育課程や学習
指導要領における教育内容という側面だけでなく、学校・教師の実践や子ども

が学習し経験した内容という側面としてもとらえられるようになってきている。そこで、本章では、カリキュラムを考えることはなぜ重要なのかを、カリキュラムの構造、構成原理と類型、カリキュラムと授業デザイン、教育評価、そして、**カリキュラム・マネジメント**についてみていくことで考えてみよう。

2．カリキュラムの構造

　カリキュラムは、教育内容・学習計画・学びの経験などのさまざまな事柄を含む多層的な構造からなっており、次のように整理することができる。

　　①制度化されたカリキュラム
　　②計画されたカリキュラム　　　　　**意図されたカリキュラム**
　　③実践されたカリキュラム　　　　　**（顕在的なカリキュラム）**
　　④経験されたカリキュラム　　　　　**意図されなかったカリキュラム**
　　　　　　　　　　　　　　　　　　　（潜在的なカリキュラム）

　上に示したように、カリキュラムは、①学習指導要領に示される「制度化されたカリキュラム」、②地方自治体による教育課程や各学校の年間指導計画として計画された「計画されたカリキュラム」、③学校や地域や子どもたちの諸条件を勘案して、教師が実際に行う教育内容としての「実践されたカリキュラム」、そして、④子どもが実際に経験した「経験されたカリキュラム」の四層構造としてとらえられる[1]。①～③の三つのカリキュラムは、なんらかの意図をもって展開された「意図されたカリキュラム」であり、計画的・意図的に提示された「顕在的なカリキュラム」である。④のカリキュラムは、意図されなかったカリキュラムであり、子どもが暗黙のうちに学び、結果的に身につけた、「潜在的なカリキュラム」（隠れたカリキュラム）である。たとえば、学校はすべての子どもの発達と学習の保障をしていく場であるが、一方で、子どもが学業成績によって選抜される場でもある。そこでは、子どもは教科の内容を学ぶだけでなく、教師からいかに評価されるか、そして、どうやって学校での競争に勝ち残るかという身の処し方を学んでもいる。また、教師は、数学の授

業で教師が多様な解き方や数学の面白さやよさを教えているつもりでも、子どもは、数学とは正解は一つであり、公式を使って素早く正しく計算ができることだけが重要であることを学んでいるかもしれない。

── ワーク8-1 ──

意図されなかったカリキュラム＝潜在的な（隠れた）カリキュラムについて、どのようなものがあるか考えたり、ウェブページを探したりして具体例をできるだけたくさん調べてみましょう。

　子どもは、授業で教師が教えたことをすべて学んでいるわけではないし、教師が意図していない事柄を暗黙のうちに学んでいることもある。それゆえ、とくに、子どもによって経験されたカリキュラムに注目することは重要である。なぜなら、教師の権力性を自覚する機会になるだけでなく、教師が計画して教えることと子どもが実際に経験して学ぶこととの乖離について考え、授業計画と授業方法を再考する機会にもなるからである。

3．カリキュラムの編成原理と分類

　学校教育においてカリキュラムをどのように編成するかを考えるとき、いくつかの原理がある。たとえば、平等性か卓越性か、普遍性か多文化性か、科学・学問か生活・経験かなどの原理である。ここでは、科学・学問か生活・経験かという原理によるカリキュラム編成と分類を考えてみよう。

　カリキュラムを大きく分けると、人類が蓄積してきた文化的遺産のなかからより普遍的で本質的な内容を取り出して子どもに伝達すべきであるという立場（本質主義）と、子どもの興味・関心や時代の社会的要素を重視して生活経験を中心に組織すべきであるという立場（進歩主義）がある。この立場によって、カリキュラムの編成は大きく異なる。前者に対応するのは、学問分野の領域にもとづいて、子どもの発達や教育的価値から選択した学習内容を配列した「教

科」を中心として構成された「教科カリキュラム」である。後者に対応するのは、教科の枠にとらわれず子どもの生活経験を中心として学習内容を構成しようとする「経験カリキュラム」である。それでは、教科カリキュラムと経験カリキュラムのメリット・デメリットについて考えてみよう。

　教科カリキュラムは、学問体系に則っているため、計画的に授業を行うことができ評価もしやすい。しかし、授業が教師主導で進行し、子どもは受動的になりやすく、断片的で網羅的な事柄の詰め込みになりがちであるという批判がある。一方の経験カリキュラムは、授業が子どもの興味関心に則って展開され、子どもは能動的に学ぶことができる。しかし、系統的に知識を習得できず、基礎学力の低下を招くとの批判がある。ここでは、教科カリキュラムと経験カリキュラムに大別して考えたが、実際には、両極に位置する両者のあいだには多様なカリキュラムとさまざまなアプローチが存在している。そこで、両者に関する以下のワークに取り組んでみよう。

ワーク8-2

教科カリキュラムと経験カリキュラムについて、ほかにどのようなメリット・デメリットがあるか考えてみましょう。さらに、デメリットの克服方法について考えてみましょう。

	メリット	デメリット	克服方法
教科カリキュラム			
経験カリキュラム			

　図8-1を参照すると、教科カリキュラムと経験カリキュラムを両極として、カリキュラムの類型が示されている。1の**教科カリキュラム**は、各学問分野の領域や構造にもとづいた教科が並列して配置されている。2の**相関カリキュラム**は、教科の枠を維持しつつ、教科間の相互連関を図るものである。たとえば、環境などのテーマを設定し、関連する理科や社会の教科を取り出して構成する「クロス・カリキュラム」がその一例である。3の**融合カリキュラム**は、各教科の学習を中心としながら、扱う問題の範囲の教科の領域を取り払って構成す

108

第 8 章　カリキュラムと評価を考えることはなぜ重要なのか？

1. 教科カリキュラム（subject curriculum）

2. 相関カリキュラム（correlated curriculum）

3. 融合カリキュラム（fused curriculum）

4. 広領域カリキュラム（broad-field curriculum）

5. コア・カリキュラム　　　　　6. 経験カリキュラム
　（core curriculum）　　　　　　（experience curriculum）

図 8-1　カリキュラムの 6 類型
出所）山崎準二『教育課程』学文社、2009 年、29 頁。

るものである。たとえば、地理・歴史・公民を大きく括って、一般社会とするカリキュラムである。4 の**広域カリキュラム**は、教科の枠を取り払い、学問の専門分野をより広い領域に統合し、あるテーマを広い視野に立って追究しようとするカリキュラムである。5 の**コア・カリキュラム**は、コアとなる中心課程とそれを支える関連内容領域の周辺課程から構成されている。1930 年代アメリカの実践の影響を受け、戦後の日本において社会科を中心教科に据えたカリキュラム運動と実践が展開された。6 の**経験カリキュラム**は、子どもの日常生

109

活の興味や要求から出発し、周囲の文化と社会生活について経験にもとづきながら理解を深め、社会参加へ導く経験によって構成されている。以上のようにカリキュラムを類型してとらえたが、実際にはそれぞれの厳密な区分は難しく、重なりあう部分もある。授業や教育活動で扱う内容に応じて、カリキュラムが多様に構成されているのが実際である。

4. カリキュラム研究の展開と授業デザイン

　1970～80年代のカリキュラム研究の展開をみてみると、大きな変化が二つあった。一つは、「教育目標→教育内容の選択→教育経験の組織→教育結果の評価」として定式化されてきた行動科学にもとづく「数量的研究」から、文化人類学や認知心理学や認知心理学や芸術批評などの新しい人文社会科学を基礎とする「質的研究」への転換である。もう一つは、授業研究を基盤として、カリキュラム研究が「教師研究」へと転換したことである。この転換によって、カリキュラムと授業が教育実践の主体である教師の側からとらえ直され、教師の役割や、「反省的実践」としての授業実践のあり方や、教師の授業のデザインが探究されるようになった。そして、プログラムの開発から教師の実践へ、すなわち授業のデザインへと研究の焦点が移った[2]。

　カリキュラム研究の質的研究への転換については、授業とカリキュラムと評価について、1974年に日本の文部省（当時）と経済協力開発機構（OECD）の教育研究革新センター（CERI）との共催による「カリキュラム開発に関する国際セミナー」が東京で開催され、そこで、**アトキン**（Atkin, J.M.）が、「**工学的接近**」と「**羅生門的接近**」の二つのモデルを提示したことにもあらわれている（図8-2）。工学的接近は、生産システムをモデルとして、教師の意図的な計画とそれにもとづく行動目標と教材配列による授業の合理的な組織化を重視し、行動目標に照らした目標に準拠した評価が心理測定的テストによって行われる。一方、「羅生門的接近」は、子どもと教師と教材との出会いから生まれる学びの価値をさまざまな立場や視点から解釈し記述し評価する接近の仕方であり[3]、即興的で創造的な授業を展開する教師の養成を重視し、目標にとらわれない評価が行われる。もちろん、実際のカリキュラムや授業や評価がこの

第8章　カリキュラムと評価を考えることはなぜ重要なのか？

——目標、教材、教授・学習過程——

	工学的接近	羅生門的接近
目標	「行動目標を」 (behavioral objectives)	「非行動的目標を」 (non-behavioral objectives)
教材	「特殊的であれ」(be specific!) 教材のプールからサンプルし、計画的に配置せよ (sampling from material pool and "planned allocation")	「一般的であれ」(be general!) 教授学習過程の中で教材の価値を発見せよ (discovering the values of materials in teaching-learning proceses)
教授学習過程	規定のコースをたどる (predecided)	即興を重視する (impromptu)
強調点	教材の精選、配列 (design of teaching materials)	教員養成 (teacher training, in-service training)

——評価と研究——

工学的接近	羅生門的接近
目標に準拠した評価 (goal-reference evaluation)	目標にとらわれない評価 (goal-free evaluation)
一般的な評価枠組み (general schema)	さまざまな視点 (various perspective)
心理測定的テスト (psychometric tests)	常識的記述 (common sense description)
標本抽出法 (sampling method)	事例法 (case method)

図 8-2　工学的接近と羅生門的接近

出所）佐藤学『教育の方法』左右社、2010 年、129 頁。

二つのモデルだけに分けられるわけではない。けれども、どのような立場をとるか、どのような授業展開や評価を行うかにかかわる視点である。

　また、授業デザインについて考えてみるなら、たとえば、授業を構成する際に、「目標」を中心に組織する「階段型」のカリキュラムと、「主題」を中心に組織する「登山型」のカリキュラムが考えられる[4]。

　階段型のカリキュラムは、学びの到達点が「目標」として定められ、教育活動は細かなステップで段階的に規定され、その過程は狭い階段のように固定されている。それゆえ、大量の知識技能の系統的かつ効率的な伝達に適し、一元的な基準によるテストで達成度を評価し序列化するのが容易であるという特徴がある。こうして、カリキュラムは、「目標－達成－評価」を単位とする「プログラム型」の単元として組織される。それゆえ、階段型のカリキュラムは、

学びを一元化して狭い経験に閉ざしたり、一元的な指標と段階による過度な競争を生み出したりする弊害がある。

　一方の登山型のカリキュラムは、特定の主題を中心として教材と学びの活動を組織する様式であり、登山のコースにさまざまなコースがあるように、多様な学びの過程が準備されている。この登山型のカリキュラムは、産業主義の効率性を重視するカリキュラムへの批判として新教育運動のなかで登場して発展したカリキュラムであり、「主題－探究－表現」を単位として「少なく深く」学ぶことを追求する「プロジェクト型」の単元として組織される。それゆえ、階段型のカリキュラムのように目標に即して一元的に評価することは難しく、教室で起こる子どもの学びを多元的に質的に評価することが求められている。この登山型のカリキュラムにおいて豊かな学びを実現するには、学びに対する教師の援助の確かさと学びをデザインする教師の想像力と構想力が求められる。しかし、これがない場合は、学びの目的さえはっきりせず、子どもは貧弱な学びしか経験できない危険をともなう。

　近年求められている、思考力・判断力・表現力の育成や、主体的・対話的で深い学びを追求するためには、登山型のカリキュラムやプロジェクト型の授業デザインがますます必要となるだろう。そのためには、教師が授業デザインを構想し修正しながら実践することが求められる。

5．教育評価とは何を「評価」するのか

　次に、学校における評価について考えてみよう。学校における「評価」というと、子どものテストや通知表を思い浮かべる人が多いのではないだろうか。しかし、教育評価には、学校評価、教員評価、カリキュラム評価、授業評価など、さまざまな対象に対する評価が存在している。ここで考えたいのは、テストなどの結果によって子どもに「評定（1〜5やA〜Dなど）」を付けることだけではなく、教師が次の活動につなげるための評価をいかに行い、それをいかにカリキュラムのデザインに活かすことができるかということである。

　まず、子どもの学習に対する教育評価についてみていこう。戦前の評価は、人物評価も含めた主観的な判断による、「教師という絶対者を基準とした評

価」を意味していた。戦後、その絶対的な評価の問題の克服を目指して、「正規分布曲線（ガウス曲線）」を基準として、5を7%、4を24%、3を38%、2を24%、1を7%として子どもに評定を割り当てる**「相対評価」（集団に準拠した評価）**が登場した（図

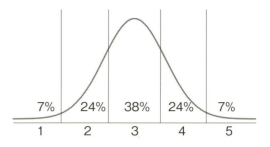

図8-3　正規分布（ガウス）曲線と相対評価の評定（1～5）
出所）筆者作成。

8-3）。相対評価は、必ず1が付く子どもが7%存在することを前提としており、集団における相対的な位置は示しえても、教育活動を評価することにはならないなどの問題点がある。また、評価の規準を子ども個人において、1人ひとりの子どもの頑張りやよさ、長所短所を丁寧にとらえる**「個人内評価」**がある。戦後、相対評価が普及するなかで、相対評価において良い評定が付かない子どもに対して、「所見」欄で頑張りを評価してきた。

　1991（平成3）年以後、知識・技能の習得以外に、関心・意欲・態度や思考・判断力の育成を重視する**「新学力観」**が打ち出され、観点別評価が行われている。そして、2018・2019（平成29・30）年に告示された学習指導要領では、「主体的に学習に取り組む態度」による観点の評価も求められている。観点別評価については、授業中の挙手や質問の回数やノートの取り方などの形式的な活動で評価するべきではなく、児童生徒が主体的に学習に取り組む場面を設定して、多様な学習の過程を評価していく必要があろう[5]。

---- ワーク8-3 ----
「主体的に学習に取り組む態度」について、いつ、どのような方法で評価を行うかを考えてみましょう。

　相対評価の問題点を克服するために、2001年以後は**「目標に準拠した評価」**

> 評価キジュンには、二つのキジュンがある。それは「規準」と「基準」である。
>
> ● 「規準」＝「目標規準」（criteria）であり、評価・解釈の規準を教育目標においたもの。たとえば、「（おおむね）〜〜ができる」というかたちであらわされる。
>
> ● 「基準」＝「到達規準」（standard）であり、教育規準を具体的に量的・段階的に示して、設定されたもの。たとえば、これができれば5、ここまでなら4といったかたちであらわされる。

図8-4　二つの〈評価キジュン〉

が行われている。目標に準拠した評価とは、教育目標を評価規準として子どもの学力を評価する立場に立ち、すべての子どもを共通の目標に到達させることを目指し、教育目標そのものを規準として、子どもの学力の獲得状況を把握し、それを指導に活かしていくのが特徴である。このとき、教育目標としての評価規準と具体的な到達レベルを設定した評価基準を、子どもと保護者に伝えることが重要である（「評価キジュン」については、図8-4を参照）。

　また、2000年に、指導と評価とは別物ではなく、評価の結果によってのちの指導を改善し、さらに新しい指導の成果を再度評価するという、指導に活かす評価を充実させることが重要であるとして、「**指導と評価の一体化**」が求められるようになった。学校で教師はさまざまな「評価」を行っており、たとえば、単元の開始前に行う「**診断的評価**」、授業を進めていくなかで、単元の途中で行う「**形成的評価**」、単元の最後に行い定着度を測る「**総括的評価**」が挙げられる。指導と評価の一体化においては、形成的評価が重視されている。このほかにも、授業のなかで子どもの学びの軌跡としてレポートや作品などから評価を行う「**ポートフォリオ評価**」や、実際の生活場面での課題や教科や学問の本質を追求する課題に取り組む、「**真正の評価**」も注目を集めている。

　教育活動のなかで教師は子どもの成果物から子どもの評価を行うが、それは同時に、教師の授業や単元やカリキュラムの評価でもある。つまり、授業や成果物を通した子どもからのフィードバックは、授業における教師の教材の選択や説明や指示などのアプローチや、ひいては、単元やカリキュラム構成や課題への接近の方法の見直しを要請する。子どもが理解できていないことを子どもの問題であると考えるのではなく、自分の授業やカリキュラム改善の契機とし

第 8 章　カリキュラムと評価を考えることはなぜ重要なのか？

てとらえ、子どもの学びがどこで生じ、どこで滞ったのかを子どもと教室の実態から真摯に学ぶ必要がある。次の授業や活動に向けて多様なアプローチを模索し試行錯誤し続けることが、教育評価であり、教師の仕事である。

6．カリキュラム・マネジメントを活かしたカリキュラム開発へ

　2018・2019（平成 29・30）年に告示された学習指導要領において、「社会に開かれた教育課程の実現」と「カリキュラム・マネジメント」が強調されている。そして、教務主任や管理職だけでなくすべての教師が、教育課程を編成し、授業・学校の改善に取り組むことが求められている点も特徴的である。そして、生徒や学校や地域の実態を適切に把握し、教育内容を**教科等横断的な視点**で組み立てること、教育課程の評価と改善を図ること、教育課程の実現に必要な人やモノなどの体制を確保して、教育課程にもとづいて組織的かつ計画的に学校の教育活動の質の向上を図ることを目的とし、そのために PDCA（計画 Plan－実行 Do－評価 Check－行動 Action）サイクルの活用が求められている。

　カリキュラム・マネジメントは、教育課程経営論を基盤として 1990 年代に提唱された概念である。1998（平成 10）年に告示された学習指導要領において、学校評価が義務化されたことでカリキュラムが評価・改善の中心として注目されたことや、総合的な学習の時間の導入によって教育課程基準の大綱化・弾力化が行われ、各学校のカリキュラム編成に裁量が与えられたことから注目を浴びた[6]。

　現在カリキュラム・マネジメントは、PDCA サイクルと結びつけた学校運営や学校改善の面が注目されているが、教科間・領域間との連関もクローズアップされている。たとえば、田村知子は、年間指導計画などのカリキュラム文書を教師自らが作成し、修正しながら教師のあいだで共有することを提案している[7]。教師が自分でカリキュラムを作成することで、年間カリキュラムを試行錯誤しながら修正し、それを「見える化」することで、有機的なつながりが生まれうる。田村学は、各教科の教育内容を相互の関係でとらえ、教科等横断的な視点で目標達成に必要な教育内容を組織的に配列することを「カリキュラム・デザイン」と呼び、学びを「つなぐ」ことを提案する[8]。図 8-5 には、

115

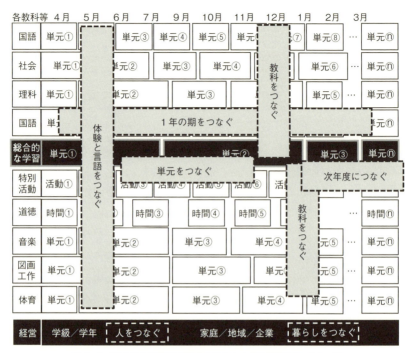

図 8-5 総合的な学習の時間を中核とした単元配列表のイメージ
出所）田村学『カリキュラム・マネジメント入門』2017年、35頁より筆者作成。

　総合的な学習の時間を中核として各教科の単元を配列した表のなかに、七つの「つなぐ」が示されている。
　このように、カリキュラム・マネジメントには、教科等横断的な視点で授業やカリキュラムを構成したり、学校間連携や地域と連携した、子どもと地域の実情に応じたカリキュラム開発への可能性が開かれている。たとえば、ある地域では、中学校と近接の工業高校が連携し、技術や理科や数学の授業を協働でつくり、進路を考える機会としてもカリキュラムに位置づけようという試みも行われている。

ワーク 8-4
豊かな子どもの学びを実現するために、あなたの希望する学校種、教科にもとづいて教科等横断的な授業や、学校間や地域と連携した教育活動を考えてみま

第 8 章　カリキュラムと評価を考えることはなぜ重要なのか？

しょう。

　カリキュラム開発という観点からみると、学習指導要領において、戦後から
一貫して、教育課程を編成する主体は学校であるということが明記されてきた。
また、トップダウン型の「研究・開発・普及モデル」のカリキュラム開発から、
学校と教室を基礎とするカリキュラム開発の様式が模索され、学校を基盤とし
たカリキュラム開発が求められてきた歴史もある。カリキュラム・マネジメン
トが重視されることによって、カリキュラム編成の主体が学校と教師であると
いうことを再確認し、カリキュラムの自主編成やカリキュラム開発が学校と教
師の手によって行われるという点は喜ばしいことである。しかし、外国語の教
科化やプログラミングの導入によって、授業時間数の確保の厳しい小学校にお
いては時間のやりくりに苦心しており、カリキュラムの工夫や開発という点が
後景に退きかねない状況もある。また、マネジメントのための PDCA サイク
ルが組み込まれている点にも留意が必要である。そもそも、PDCA サイクルが
工場における品質管理に用いられてきたことを考慮するなら、数量的な評価に
よる管理・統制と結びつきやすい。また、PDCA サイクルをまわすための指標
を作成し、評定を行うことが目的となるようなことは避けなければならないだ
ろう。カリキュラム・マネジメントには課題もあるだろうが、教師にとって、
目の前の子どもと豊かな授業の創造のために、カリキュラム開発に絶えず取り
組み続けることが重要である。

注
（1）　田中統治「教育研究とカリキュラム研究」山口満編『現代カリキュラム研究
　　　第二版』学文社、2005 年、22-23 頁。
（2）　詳細は、佐藤学「カリキュラム研究と教師教育」（安彦忠彦編『新版 カリキュ
　　　ラム研究入門』勁草書房、1999 年、157-179 頁）を参照のこと。
（3）　「羅生門的」接近は、芥川龍之介の小説「藪の中」をモチーフとした黒澤明監

督の映画『羅生門』からの言葉であり、一つの出来事が立場を変えると多様な見え方や意味をもつということ、すなわち、教室の実践もさまざまな意味や価値を呈しているなかで、それらの多様な見方を総合することによって、より教室の出来事がより豊かになるということを意味している。

（4）　佐藤学『教育の方法』左右社、2010 年、151-154 頁。

（5）　文部科学省中央教育審議会「幼稚園、小学校、中学校、高等学校及び特別支援学校の学習指導要領等の改善および必要な方策について（答申）」2016 年。

（6）　中留武昭・曽我悦子『カリキュラムマネジメントの新たな挑戦――総合的な学習における連関性と協働性に焦点をあてて』教育開発研究所、2015 年、24 頁。

（7）　田村知子『カリキュラムマネジメント――学力向上へのアクションプラン』日本標準ブックレット No. 13. 日本標準、2014 年、25-35 頁。

（8）　田村学『カリキュラム・マネジメント入門』東洋館出版社、2017 年。

【読書案内】

①日本カリキュラム学会編著『現代カリキュラム　研究の動向』教育出版、2019 年。

　本書では、カリキュラムの理論、実践、そしてカリキュラム研究の方法などが体系的かつ広範に扱われている。また、各国のカリキュラムの状況や、カリキュラムと貧富や格差、ジェンダーとセクシュアリティなどの現代的な課題も扱われている。それぞれのトピックがコンパクトにまとめられているため、初学者がカリキュラムについて知り、より深く学ぶための道標となる本である。

②佐藤学『カリキュラムの批評――公共性の再構築へ』世織書房、1997 年。

　本書では、カリキュラム概念の再定義や学校教育における「公共性の再構築」の必要性についての議論が扱われており、学校という制度自体が問い直されている。難解であるかもしれないが、いくつかの論文やエッセイから構成されているので、興味のあるところから読み進めてほしい。

参考文献

安彦忠彦編『新版 カリキュラム研究入門』勁草書房、1999 年。

中留武昭・曽我悦子『カリキュラムマネジメントの新たな挑戦――総合的な学習における連関性と協働性に焦点をあてて』教育開発研究所、2005 年。

佐藤学『カリキュラムの批評』世織書房、1997 年。

佐藤学『教育の方法』左右社、2010 年。

田村学『カリキュラム・マネジメント入門』東洋館出版社、2017 年。

田村知子『カリキュラムマネジメント――学力向上へのアクションプラン』日本標準

ブックレット No. 13. 日本標準、2014 年。

田中耕治『教育評価』岩波書店、2008 年。

山口満編『現代カリキュラム研究　第二版』学文社、2005 年。

山崎準二『教育課程』学文社、2014 年。

（黒田友紀）

第9章

なぜ学校教育で「からだ」は重要なのか？

「主体としてのからだ」と聴くこと──「からだ」から考える教育の方法①

1．教育における「からだ」

　教育で「からだ」が重要だと聞いたら不思議に思うだろうか。大学の教職課程の授業で「からだ」をテーマに取り上げると、ある一定数の学生が「最初は不思議だったけど、からだの大切さがわかりました」といった感想を書いてくれる。やはり「からだ」というと体育のイメージが強く、教育における「からだ」の意味と役割は想像しにくいのかもしれない。

　研究の諸分野で、身体は三つの次元で考えられている。一つ目は、医学の対象となる身体に代表される、物体としての「客観的（生理的）身体」である。二つ目の「現象的身体」は、あらわれとしての身体を意味する。これは、自分の身体感覚を言語化することで、他者と相互理解が可能になる身体のことである。三つ目の「政治的身体」は、権力が作動する場としての身体である。たとえば、第2章で取り上げた**「見る−見られる」**関係を思い出せば、イメージしやすいだろう。

　「からだ」の表記には、体、身体、からだ、カラダ、身、肉体などがあり、それぞれ意味に違いがある。日本語があらわす「からだ」には、上述の身体の三次元には収まりきらない世界が広がっている。なお、本章では文脈に応じて表記を使い分けるが、それらの意味の違いは第10章で詳細に検討されている。本章では表記による印象の違いを感じつつ読み進め、その感覚を第10章の理解に活かしてもらいたい。

　それでは、「からだ」を考える出発点として以下のワークに取り組み、自分の身体を意識してみよう。

第9章　なぜ学校教育で「からだ」は重要なのか？

― ワーク9-1 ―――――――――――――――――――――
自分の身体（からだ）を意識するときはどんなときでしょうか。グループで、
それぞれの経験を聴き合ってみましょう。

　どのような経験が共有できたであろうか。なかにははじめて自分のからだに
ついて考えた人もいるのではないだろうか。からだを意識するときや、意識す
るからだの部位など、それぞれ違ったであろう。

　たとえば、風邪をひいたり怪我をしたりしたとき、われわれは自分の身体を
普段以上に意識する。あるいは、倦怠感や身体の重さによって、身体全体がた
しかに存在していることを実感することもある。ここで注目したいことは、病
気や怪我が治るとつらさの経験を忘れてしまいがちなことである。われわれは
日常生活を送るうえで、身体にそれほど意識を向けていない。しかし、身体が
危機的な状態になると、自分がまさに自己の身体によって世界に存在している
ことに、そのつどあらためて気づかされる。

　人間は私ひとりで生きているわけではなく、他者と相互の身体を介したなん
らかのかかわりのなかで生きている。それゆえ、からだという視座をもつこと
で、いままで見えなかった教師－子ども関係や、子ども同士の関係も見えてく
るだろう。あるいは、そこから、他者に対する新たなかかわり方を見出すこと
もできるだろう。本章では、このように、からだという視座から見えてくる教
育の方法の可能性を示すことにしたい。

2.「主体としてのからだ」と聴くこと

「主体としてのからだ」

　演出家の竹内敏晴（1925-2009）は、1970年代末から1980年代に吹き荒れた
校内暴力の嵐を「からだの反乱」と表現し、当時の若者の状況を「ことばが沈
黙する時、「からだ」が語り始めるという人間の心身の危機的状況にかれらは
立っている[1]」と評した。

　教育の専門家ではない竹内の指摘は、当時は異質なものとして受け取られた
かもしれない。しかし、竹内のことばは、彼が幼年時代から悩まされてきた中

耳炎による難聴、学生時代の弓道や大学卒業後の演出家としての経験をもとに、絶えず自らの身体との対話を通して得られた知見に支えられ、われわれに訴えかけてくる。さらに、メルロ＝ポンティ（Merleau-Ponty. M., 1908-1961）を中心とした現象学などを学び続けることで、自分の身体感覚を客観的な言葉で表現しようと試みていることも、彼の言説に説得力を与えている。

　また、竹内は「からだはいつも呼びかけている。人は生活の中で、自分できづかずに、さまざまなしぐさによって、自分のいる状況と自分の生きようと欲する方向のしるしを現している(2)」と述べる。竹内のからだのとらえ方は、身体は生の全体性の表現であり、当事者として場に対する構えを問うものである。それを竹内は「**主体としてのからだ**」と表現する。

　この世界を生きる「主体としてのからだ」は、絶えず他者に開かれているとともに、他者との関係が結ばれる場でもある。だからこそ、からだは危険を感じると、沈黙したり、こわばらせたりなど、なんらかの方法で防衛する。これも他者との関係のもち方の一つである。いわば、からだのありようが、ことばを媒介としない他者との関係を表現しているのである。

　学校教育において、教師と子どもの意思疎通は、指示も含めて言語中心で行われてきた。しかし「主体としてのからだ」を意識すれば、教師の子どもの見方は変わってくるだろう。子どもたちの様子を漫然と見るのでなく、子どもが話しているときのからだの表情や、子どもが聴いているときのからだの状態など、1人ひとりの子どものからだが語ることばに注意深く耳を傾けるようになる。

　また、「話す」ことと「聴く」ことは、学校教育では学習指導の一環として言語の意味内容の伝達という観点から考えられてきた。両者と身体のかかわりに関しては、相手の目を見て話すことや話している人の方に身体を向けて聴くことなどの規律面が多く、「主体としてのからだ」の観点は弱かったといわざるをえない。1980年代以降は竹内の言説もあって、教育における「からだ」の認知は広まったが、その後「主体としてのからだ」という発想は失われてきたのではないだろうか。したがって、次項ではあらためて「主体としてのからだ」に着目して、「話す」ことと「聴く」ことを考えることにしたい。

第9章　なぜ学校教育で「からだ」は重要なのか？

「話しかけのレッスン」

　われわれが他者とかかわりをもつのは、直接相手のからだに触れたりアイコンタクトを取ったりしない限り、話しかけることからはじまる。相手に伝えたい事柄は、自分の声によって届けられる。その声は、生理学的には声帯の振動で生み出されるため、モノマネをするかのように声を変えることもできる。そのときわれわれは、からだの使い方を意識的に変えている。

　たとえば、カラオケで気持ちよく歌ったあとに声が枯れることがあるのは、普段と声の出し方が異なっているからである。いつもはおとなしくて小さい声の人がノリノリになって身振り手振りをつけて歌い上げるとき、普段と違う声とからだの使い方に驚くこともあるだろう。

　このように、声の状態（強さ、弱さ、大きさ、小ささなど）は、その時々の身体のあり方と密接にかかわっている。怒鳴っているときに身体がふにゃふにゃしていることは想像しにくいだろうし、やさしく語りかけているときに身体が強ばっていることも想像しにくい。学校での経験に、話している内容は正論なのに、大きな声で怒鳴るように話す先生の話を聞き流していたことはないだろうか。その先生の話を、どうして聞く気にならないのか。このような謎を解き明かす必要がある。

　竹内が主宰した「竹内レッスン」の一つに「話しかけのレッスン[3]」というものがある。教師や教師を目指す学生が、話しかけのレッスンを通して自らの声とからだのあり方に気づくことは、子どもや同僚との関係をつくるうえで有益な学びの機会になるだろう。それでは、実際に話しかけのレッスンを体験してみよう。

─── ワーク9-2 ───

【話しかけのレッスン】

　話しかけのレッスンを体験する人を5〜6人決めましょう。そのなかから話しかける役を1人決め、残りの人は話しかけられる役をしましょう。

　挿絵を参考に、話しかけられる人は、ある程度散らばって立ったり座ったりしましょう。その際には、話しかける人と目が合わないように気をつけましょう。大学等の授業の場合、話しかけのレッスンを体験しない人たちは、ある程度距離をとって（最低でも3メートルくらい）、側面から話しかけのレッスンを観察

123

しましょう。ここまで準備ができたら、以下の手順でレッスンをはじめてみましょう。

① 話しかける役の人は、話しかけたい人を1人決め、短い言葉で話しかけましょう。そのときの注意事項は以下のとおりです。
* 「ねぇねぇ」「すみません」「授業が終わったらお茶に行かない」……など、短い言葉で話しかける。
* 呼びかける人だと特定できる情報は入れない(名前はもちろん、服装や身体的特徴など)。
* 自分の話しかけが伝わったと思うまで続ける。

* 話しかけられる側は、自分が話しかけられたと思っても、反応しないようにする。
② ファシリテーター役の人は、自分が話しかけられたと思う人に手を挙げるように指示を出しましょう。
③ ファシリテーター役の人は、側面から観察していたギャラリーに、どの人が呼びかけられたかを聞きましょう。
④ ファシリテーター役の人は、話しかける役の人に、どの人に声をかけたかを聞きましょう。
⑤ ファシリテーター役の人は、話しかけら役の人たちに、どのように感じたかを伝えましょう。
* 話しかけられたと思った人は、なぜそうに感じたのかについて。
* 話しかけられなかったと思った人は、なぜそうに感じたのかについて。

話しかけのレッスンはどうだっただろうか。何度話しかけても自分の声が相手に届かなくて、くじけそうになった人もいるだろう。他方で、自分自身の声やからだのあり方を、徐々に意識していった人もいるだろう。

レッスン後に、話しかけられた側の人が感じたことは、どのような言葉で語られただろうか。「声が自分の右側を通りぬけていった」「頭の上を通り越していった」「自分のほうに向かってきているけど、手前でスッと落ちた」という

第9章　なぜ学校教育で「からだ」は重要なのか？

からだの感覚によるものから、「全員に話しかけてるみたい」「独り言みたい」「大声でわめいてるだけ」といった印象レベルの感想まで、さまざまあっただろう。さらに、ギャラリーの感想から気づくことも多くある。話しかけを側面から観察しているギャラリーは、話しかけの成否を左右するポイントとして、声には方向と距離や質量という特徴があることに気づきやすい。しかし、ポイントがわかっても自分ができるかどうかは別問題である。ぜひ、話しかけ役、話しかけられ役、ギャラリー役の三つすべてを体験してほしい。

　以上の感想は話しかける側の特徴に関してであるが、話しかけられる側に関することも重要である。そのうち、聴き方のスキルではなく、ことばの受け止め方に関することを取り上げよう。

　話しかけられる側の感想として、「肩のあたりにふわっと来ました」「背中にズドーンと突き刺さりました」といった、声の質感を自分の身体がどのように感じたかを含むものが出てくる。話しかけのレッスンでは、話しかける側の声が相手に届かず、何度も話しかけを繰り返すことが多い。そのうち、話しかける側ではなく、受け手側の身体感覚に変化が生じてくる。自分が話しかけられているのかどうかを、からだの細胞すべてで感知しようと、全身にアンテナを張りめぐらせるかのように、ことばを受け止めようとしはじめる。自分が話しかけられているのかわからない不確定な状況で、しかも自分の背後から迫ってくる声の行方を背中で感じようとすると、声の質感や物質性を知覚し言葉で表現する人も出てくる。その一例が先の「ふわっと」や「ズドーン」である。

　実際に見知らぬ相手同士で話しかけのレッスンをする場合、両者の身体は緊張しており、一回の話しかけでことばが届くことは稀である。しかし、何度も呼びかけるうちに徐々に緊張もほぐれ、身体の力が抜けて声の質感が変化してくると、ことばが相手に届くことがある。たまたまであっても、他者に対して身体がひらかれた瞬間である。話す側のからだのあり方によって声質が変わり、それに応答するかのように聴く側のからだのあり方も変化しているのである。話しかけ役と話しかけられ役のからだが、「主体としてのからだ」としてその場に対してひらかれたとき、両者はその場の当事者になる。ギャラリーに「見られて」いるという場で、いわば剥き出しの生として自己の身体が晒されたからこそ、身体がまとった慣習の殻を破り、他者とつながる一瞬の経験がからだ

に刻みこまれる瞬間である。

　竹内は「声は、からだからことばが生まれ出て他者に至ろうとする、もっとももなまなましいプロセスの現れだ。話す主体はそこに姿を現す[4]」と書いている。その場を生きる「主体としてのからだ」のあり方は、声の質感だけでなく、伝えたい相手にことばが届くか否かに影響し、他者との関係の質を大きく左右する。教育の文脈に戻せば、教師は自らのからだのあり方を自覚し、観念的な信念に拘泥することなく「主体としてのからだ」としてその場を生きることで、日々の営みを遂行する必要がある。

からだをほぐす

　話しかけるときに自分の身体がこわばっていると、相手に言葉が届きにくいことが、話しかけのレッスンを通して実感できたのではないだろうか。

　自分の言葉がなかなか相手に届かないときは、身体に必要以上の力が入っていることが多い。大事な試験や試合の前に、余計な力を抜くために深呼吸をすることがある。息を深く吸って横隔膜を下げ、ゆっくり長く息を吐くことで、力は徐々に抜けてくる。深く長い呼吸をすることで、身体を自然体に近い状態に戻すことができる。しかし、日々の忙しさやストレスによって息は浅くなり、われわれの身体はいたるところが緊張し、かたくこわばっている。その結果、自分の言葉が他者に届きにくいだけでなく、他者の言葉を受け止めにくくなる。

　教師の場合、自分の言葉が子どもに届かないと感じるときは、からだの状態に目を向けてみるとよいだろう。教師の仕事は多忙化しているので、教師のメンタルヘルス改善の視点の一つにもなる。話の展開の仕方に問題があるのか、単に力みすぎているのか、あるいは疲れすぎて身心ともに疲弊しているのか。いずれであったとしても、教師の場合、自分のからだの状態に目を向けるだけで、現状を変えることも可能である。それでは、簡単な以下のワークで、からだの余分な力を抜いていくことにしよう。

┌─── **ワーク 9-3** ─────────────────────
「でんでん太鼓」をやってみましょう。
①足を肩幅に開いて立ちましょう。

第 9 章　なぜ学校教育で「からだ」は重要なのか？

②からだの力（とくに首・肩）を抜いて、写真1の「でんでん太鼓」のように両腕をだらりとおろし、写真2をイメージして両腕の右回し・左回しを繰り返します。

写真1

写真2

＊写真1・2は筆者撮影による

　上半身が正面を向いたまま、不自然に両腕が右回り左回りに動いている人もいるだろう。上半身の力が抜けないまま、肩や腕の力だけで両腕を動かすと、ロボットみたいな動きになってしまう。
　このワークをすると、からだに余分な力が入っていない場合、写真2のように両腕がムチのように上半身に巻き付いてくる。そして上半身は自然と腕が動くほうに向く半身を繰り返す。これをしばらく続けていくと、あたかも独楽の芯があるかのように、自分のからだに1本の軸が通ったような感覚が生まれてくる。慣性で両腕が上半身を巻き続けるほどに身体の力を抜くのは、ストレス社会を生きる現代人にとっては至難の業かもしれない。しかし、でんでん太鼓のワークは1人でもできるので、ぜひ自分の身体の状態を確認するためにも行ってもらいたい。もし、なかなか力が抜けない場合は、両肩を上げて一気に力を抜いて下に落とすことを数回繰り返してから、深呼吸をしてみるとよいだろう。深呼吸は、いちどすべての息を吐き出してから、鼻から吸って（3秒）、いったん止めて（2秒）、口からゆっくり吐き出す（15秒）のセットを6回程度繰り返してみよう。その後、再度、でんでん太鼓のワークに取り組むと、少しは状態が変わるだろう。さらに本格的にからだをほぐすワークは、第10章

2 節のワーク 10-3 で行うことになっている。

3．教育の方法としての「聴く」こと

「聞」と「聴」の違い

　前節では、話しかけのレッスンを通して、からだのあり方が、話すことや聴くことに大きな影響を及ぼしていることを扱った。本節では、聴くことに焦点を絞って、教育の方法における「聴く」ことの意義を明らかにする。

　「きく」をあらわす漢字は、動詞に限っても、聞く・聴く・訊く・効く・利くなど複数存在する。このうち教育に直接関係するのは「訊く」「聞く」「聴く」の三つである。「訊く」は「尋ねる」という意味で、すべての辞典で意味に相違がない。しかし、「聞く」と「聴く」は、辞典によって区別されていなかったり、掲載されていない意味があったりするので、主要な辞典を手掛かりに「聞く」と「聴く」の違いを整理してみよう。

　日本最大規模の国語辞典である『日本国語大辞典　第二版』（小学館、以下『日国』）は、多くの国語辞典と同じように「きく」に対応する漢字を「聞・聴」と併記している。そのうえで、項目末尾で「聞」「聴」を同訓異字として取り上げ、両者の違いを「聞（ブン・モン）」は「音を耳で感じ取る。自然に耳に入ってくる。聞いて知る」、「聴（チョウ）」は「聞こうとして聞く。注意してよく聞く」と説明する。なお『日国』には記載されていないが、英単語に対応させれば「聞く = hear」「聴く = listen」となることをふまえれば、両者の違いを区別しやすくなるだろう[5]。

　さらに『新明解国語辞典　第七版』（三省堂、以下『新明解』）を参照すると、『日国』を含めた他の辞典にはない意味が示されている。それでは『新明解』を確認してみよう。

　　き・く【聞く】（他五）
　　　㊀〈なにヲ―〉音や声を耳で感じる（知る）。
　　　㊁〈なにヲ―／なんだト―〉聞いた内容を理解して、それに応じる。
　　　㊂〈だれニなにヲ―〉尋ねる。問う。

第9章　なぜ学校教育で「からだ」は重要なのか？

㊃〈なにヲ―〉酒の味や香（コウ）のにおいのいい悪いをためしてみる。
　　表記　㊁は「聴く」、㊂は「訊く」とも書く。

　「㊀音や声を耳で感じる（知る）」は、『日国』の「聞く」と同義になっている。注目したいのは「㊁聞いた内容を理解して、それに応じる」である。『新明解』では、この㊁に「聴く」をあてている。『日国』の説明が「聞こうとして聞く。注意してよく聞く」であったのに対し、『新明解』は話し手に対して「応じる」ことまで含んだ意味を示している[6]。もちろん『日国』に示された「注意してよく聞く」ことは、内容理解のためだけでなく、応答するためにも必要である。
　以上から、少なくとも国語事典上の「聴く」ことは、聞いた内容を理解して終わる行為ではなく、話し手に対する応答まで含んだ行為であり、話し手とのコミュニケーションにかかわる動詞なのである。

コミュニケーションにおける「聴く」こと

　小学校から高校までの12年間、子どもたちは「きく」ことを学んでいる。学習指導要領に示された国語科の学習内容は「話すこと・聞くこと」「書くこと」「読むこと」の3領域から構成されており、「話すこと」と「聞くこと」を双方向的な言語活動としている。なお、学習指導要領では「聞」の字が使われているが、双方的な言語活動であるから、辞典の意味に従えば「聴」の意味になる。また、学校教育において「聞く」ことは、学習内容だけでなく規律面からも指導が行われている。「先生やお友達の話をしっかり聞きましょう」「話を聞くときにはその人のほうに体を向けましょう」「聞くときには手を膝に乗せましょう」といった指導が多くなされている。
　「聴く」こととコミュニケーションの関係について、デューイ（Dewey, J., 1885-1952）は大変興味深いことを指摘する。デューイは「見ることは人を傍観者にし、聴くことは人を参加者にする[7]」と述べる。この指摘は、竹内の「主体としてのからだ」に通じている。「聴く」ことによってからだが場にひらかれ、その場の当事者になるのである。見ているだけでからだは場にひらかれない。

また、デューイは「言語は、それが話されると同時に、聞かれるときにのみ存在[8]」することも指摘する。誰かに宛てて話されたことばは、相手に受け止められてはじめて、意味を帯びたことばとして存在するのである。ここでも「聴く」ことの応答性が重要な役割を果たしている。このデューイの二つの指摘から、「聴く」ことからコミュニケーションがはじまることがわかるだろう。

　たとえば、教師が理路整然と話をし、豊富な具体例を提示しながら、わかりやすく授業を行ったとしよう。しかし、生徒が聴いていなければ、教師が語った内容はなかったことになってしまう。その場合、教師は多くの生徒を前にして、50分間も独り言をつぶやき続けたことと同じになってしまう。生徒がうなずいたりメモしたりするだけでも、教師の話は少なくとも意味を帯びたことばとして生徒に届いたことになる。

　このように、誰かの話を独り言にしないためには、「聴く」ことによる応答が欠かせない。しかし、「聴く」のみでは「話す→聴く（応答）」の一往復で終わってしまうので、コミュニケーションを成立させるには、応答に応答することの積み重ねが必要になる。つまり、**「聴き合う」**ことが、コミュニケーションの成立には不可欠なのである。

　それでは、「聴く」ことに関する、以下のワークに取り組んでみよう。

── **ワーク 9-4** ──

1分間プレゼンで「聴く」ことを体験しましょう！
3～4人でグループをつくって、以下の手順でワークを進めましょう。

①　1分間プレゼンの内容をメモしながら考えます。（5分）
　　テーマ例）好きな教科の魅力、最近ハマッていること……など。
②　1人で1分間のプレゼンをします。
　　＊なるべくメモを見ずに、聴衆の反応も見るようにしましょう。
③　聴衆側は、前半の30秒と後半の30秒で聴き方を変えます。
　　＊前半…目を合わせたり、うなずいたり、メモを取りながら聴く。
　　＊後半…なるべく無表情で、目も合わせずに聴く。
④　②・③を全員分繰り返します。
⑤　グループで、以下の二つの点について、全員で交流しましょう。

第9章　なぜ学校教育で「からだ」は重要なのか？

＊話しているときは、前半と後半のどちらが話しやすかったか。
＊聴いているときは、前半と後半のどちらの内容が聴きやすかったか。

　意識的に聴き方を変えるだけで、話し手も聴き手も感じることが大きく変わったのではないだろうか。そして、場への存在の仕方を変えることで、からだのあり方の違いも感じたのではないだろうか。このワークを通して感じたことを、ぜひ普段の「聴く」ことに活かしてもらいたい。

倫理的行為としての「聴く」こと

　自分が話すことで、ことばは相手に想いとともに届けられ、受け止められる。そして、自分のもとに、相手のことばが想いとともに返ってくる。こういったやりとりの積み重ねが、相手との関係をつむいでいく。このようにコミュニケーションは「聴き合う」ことによって成立する。

　「主体としてのからだ」は、当事者として世界へ存在する仕方であった。第2節でみたように、自分のからだは「聴く」ことで場にひらかれ、相手にもひらかれていく。しかし、ただ聴いていれば、自然とお互いのからだがひらかれるわけではない。それでも聴かなければ、コミュニケーションは成り立たない。何やら禅問答のようになってきたので、さらに理解を深めるために、「聴く」ことの応答性について考えてみよう。

　たとえば授業中の教師と生徒のやりとりを考えてみたい。先生からの問いかけに対して、ある生徒が不安を抱えたまま思いきって手を挙げて発言した。すると、先生は何も言わずに「他の人どうですか？」と言った。その後、何度手を挙げても先生は当ててくれない。その生徒は「最初の発言が間違ってたのか。何度手を挙げても無視されるから恥ずかしいな。そうか……これからは黙ってわかったふりをすれば、恥をかかなくてすむんだ！」と思った。もしかしたら、先生は、間違った発言をした生徒を傷つけないために、何の反応もしなかったのかもしれない。しかし、その生徒は、正解・不正解以上に、存在を無視されたと感じてしまったことに傷ついている。そして、授業に参加するのではなく、傍観者として教室にいることを選択した。

　この例は創作にすぎない。しかし、似たような場面を経験したことはないだ

131

ろうか。この創作にすべてが盛り込まれているとはとうてい思わないが、「聴く」ことには、話し手の存在を受け止める受容と承認のはたらきがあることがみえてくるだろう。しかし、「聴く」ことは、相手の意見を全面的に無批判に受け入れるわけではない。「聴く」ことで話し手の意見をいったん受け止め、そのうえで「あなたの意見はわかった。でも私は……」というように、異なる意見であっても聴き合い、相互理解を深めていくことが可能になる。

　その場をともに生きるあなたとわたし。聴き合うことで、お互いの存在が認められたとき、「主体としてのからだ」はひらかれていく。「聴く」という行為は、相手の存在の承認や配慮とともに、「応答責任（responsibility）」をともなう倫理的行為なのである。「聴く」ことの倫理性はケアに大きくかかわっている。この問題は第12章で扱われているので、そちらを参照してもらいたい。

　以上のように考えてくると、「聴く」ことは、スキル化された「聞き方・聴き方」には収まりきらなくなる。「聴く」ことは、われわれの世界への存在の仕方そのものを問い直し、「主体としてのからだ」として他者とともに生きていくために必要なのである。そして、良くも悪くも、それらを準備するのは、わたしの「からだ」である。次章では、より深くわたしの「からだ」に焦点を当てることになる。さらに「からだ」から考える教育の方法の理解を深めていくことにしよう。

注
（1）　竹内敏晴『教師のためのからだとことば考』ちくま学芸文庫、1999年、22頁。
（2）　竹内敏晴『思想する「からだ」』晶文社、1983年、16–17頁。
（3）　さらに詳しく知りたい場合は、竹内敏晴『「からだ」と「ことば」のレッスン』講談社現代新書、1990年を参照のこと。
（4）　竹内敏晴『思想する「からだ」』晶文社、2001年、16頁。
（5）　なお、現代中国語では「聴」が耳で聞く意味全般で使われており、「聞」は匂いをかぐ意味やお酒の利き分けの意味で使われている。現在、「聞」が聴覚として理解されるのは、故事成語に含まれた「聞」のようである。
（6）　筆者の勤務校にある國學院大學図書館が所蔵するほぼすべての国語辞典を悉皆調査した結果、最新の辞典も含め、話し手に対する応答まで含めた意味を記していたのは、『新明解国語辞典』のみであった。

第9章　なぜ学校教育で「からだ」は重要なのか？

（7）　*John Dewey The Later Works, 1925–1953 Volume2: 1925–1927 Essays, Reviws, Miscellany, and The Public and Its Problems*, Southern Illinos University Press, 1988, p.371. なお、原文は "Vision is a spectator ; hearing is a participator." であり、邦訳は「視覚は傍観者であり、聴覚は当事者である」（ジョン・デューイ（阿部齊訳）『公衆とその諸問題——現代政治の基礎』ちくま学芸文庫、2014年、267頁）であるが、本文の引用は筆者が訳し直したものである。

（8）　J. デューイ（河村望訳）『デューイ＝ミード著作集12　経験としての芸術』人間の科学社、2003年、144頁。

【読書案内】

①竹内敏晴『ことばが劈かれるとき』ちくま学芸文庫、1988年。

　「聴く」ことによって他者と自己の理解の場がひらかれていくことを、臨床哲学の立場から論じた1冊。「聴く」ことの奥深さがわかる必読文献である。

②鷲田清一『「聴く」ことの力——臨床哲学試論』ちくま学芸文庫、2015年。

　「聴く」ことが、他者と自己の理解の場がひらいていくことを、臨床哲学の立場から論じた一冊。「聴く」ことに関する必読文献。ケアも含め「聴く」ことの奥深さがわかる。

③平田オリザ『わかりあえないことから——コミュニケーションとは何か』講談社現代新書、2012年。

　「わかりあえない」ことから、コミュニケーション論を論じた一冊。従来のコミュニケーション技法ではネガティブにとらえられてきたこと（喋らないことなどのノイズ）への着目は、教育の方法を考えるうえで重要である。

参考文献

竹内敏晴『ことばが劈かれるとき』ちくま文庫、1988年。

竹内敏晴『からだ・演劇・教育』岩波新書、1989年。

竹内敏晴『「からだ」と「ことば」のレッスン——自分に気づき・他者に出会う』講談社現代新書、1990年。

（齋藤智哉）

第10章
「からだ」？ 「体」？ 「カラダ」？
「からだ」に込められた意味——「からだ」から考える教育の方法②

1.「からだ」とは何か？

ひらがなの「からだ」

　ことばは、同じ音で発音され、ほぼ同じ意味で使用されたとしても、その表記のされ方によって微妙にニュアンスが変わる。一般にカラダという音をもち身体を意味することばはカタカナで「カラダ」、ひらがなで「**からだ**」、漢字で「体」とさまざまに表記される。「身体」という表記に「からだ」とルビが振られることもある。「体」でも「カラダ」でもなく、ひらがなで表記される「からだ」。このことばにはどのような意味や思いが込められているのだろうか。

　教育学においては、ひらがなの「からだ」は1970〜80年代にかけて独特なニュアンスをもつようになった。それは、**野口三千三**（1914-1998）、**竹内敏晴**（1925-2009）という2人の人物の影響による。彼らによって教育の領域における「からだ」概念は広まり、独自の意味とニュアンスをもつようになっていった。野口はからだの液体的な柔らかさと重力による重さを重視した独創的な体操である野口体操の創始者であり、一方の竹内は「からだとことばのレッスン」と呼ばれる独特な演劇トレーニング方法を開発した演出家である。彼らはともに、ひらがなの「からだ」を身心未分の「まるごと全体」としてとらえ、その「からだ」の声を聴き、「からだ」そのものを生きることを重視した。そして何よりも彼らにとって「からだ」とは他ならぬ一人称の「私のからだ」のことであり、「**主体としてのからだ**」のことであった。

　本章では、この教育の領域において独特なニュアンスをもつひらがなの「からだ」をキーワードに、教育の方法における身体の問題について考えていこう。

「身」という日本語

　ひらがなの「からだ」＝「私のからだ」は、外から観察したり、操作したりすることができない。外から観察・操作することのできる身体のことをここでは「カラダ」と呼ぶことにする。同じ身体が、あるときには「カラダ」になり、また別のあるときには「からだ」になる。たとえば病気のときに医者が診るのは「カラダ」。それに対して、「からだ」は患者にとっての、いままさにここで痛がっている自分自身のことになる。「カラダ」は三人称として語られ、他と代替可能なものである。それに対して「からだ」は「私のからだ」だから一人称であり、代替不可能なものである。

　話がややこしくなるので、少し整理しよう。「カラダ」と発音され、身体を意味するものを、ここでは三人称として扱われ、意識の操作の対象となる場合を「カラダ」と表記し、それに対して、一人称として、主体となるものを「からだ」と表記するということである。すると、私たちの身体は「カラダ」であると同時に「からだ」でもあるということになる。

　このことを、野口や竹内と同じ時期に活躍した**市川浩**（1931-2002）は『身の構造』において、錯綜体としての「**身**」を論じるなかで語っている。市川は大和言葉の「み」という語を 14 に分類し、分析する。それは、①果実の「実」、②「魚の切身」のような「生命のない肉」、③「身節が痛む」というときの「生命のある肉体」、④「身持ちになる」という表現の「生きているからだ全体」、⑤「半身に構える」といったときの「からだのあり方」、⑥「身ぐるみはがされる」という表現のときの「身につけているもの」、⑦「身代金」に象徴されるような「生命」、⑧「身すぎ世すぎ」といったときの「社会的生活存在」、⑨「身つから（自ら）」を意味する自分、⑩「身ども」という私をあらわすと同時に「お身」というあなたをあらわす「多重人称的な自己」、⑪「身内」という言い方に象徴される「社会化した自己」、⑫「身分」「身のほど」といった社会的地位、⑬「身をこがす」「身にしみる」といったときの「心」、⑭「身をもって知る」というときの「全体存在」と多岐にわたる。たとえば、「身にしみる」という表現は「傷口につけた薬が身にしみる」という具体的な生理的レベルから、「世間の冷たい風が身にしみる」という社会的存在レベル、さらには「人の情けが身にしみる」という心のレベルまで広がりをもつ。市川は、心

のレベルの「身にしみる」も実は生理的レベルのそれと無関係ではなく、むしろ、生理的レベルの「身にしみる」がもつ切実さが心のレベルに移行していくものなのだという。それは、ある意味比喩的なメタフォリカルな関係だが、じつは私たちの存在そのものが、メタファーを成立させるようなそういう構造をもっているのだというのである。それゆえ、たとえば「身構え」はからだのレベルでは身体の姿勢であるが、同時に心の姿勢、心の構えにもなるのである。

客体としてのカラダと主体としてのからだ

カラダとしての身体とからだとしての身体の話に戻ろう。同じ身体が、あるときにはカラダとなりあるときにはからだとなる。

通常私たちは自分の身体を自分のものだと思い込んでいる。脳からの指令によって身体が動いていると思っている。第三者である医者が見る見ないにかかわらず、私たちは自分の身体をカラダとして扱っている。思い通りに動かないカラダ、忙しいときに限って風邪をひくカラダ。あるいは、カラダは一番内側の服であるともいえる。他者に見られることを意識した身体は私であると同時に私ではない。ファッションがその人自身をあらわすと同時に、服という物質はその人自身ではないことと同じである。だから、私たちはピアスやタトゥーを入れたりボディビルをしたりと身体改造を行うのである。意識、あるいは脳といったものの操作の対象としてのカラダである。

教育においてカラダは管理の対象としてあらわれる。椅子にきちんと座るカラダ、教師の指示に従って列になって並ぶカラダ。竹内は、体育でよくみられる「三角座り（体育座り）」を問題にする。お尻をつけて膝を抱え込んだあの姿勢を竹内は、自らの身体を自らで拘束する姿であるという。教師の指示に従って、子ども自らが自分の身体を拘束する。そのときのカラダは教師と子ども自身による二重の拘束を受けていることになる。このときのカラダは私であって私ではない。むしろ「私の物」という感覚に近いだろう。私が操作するカラダ。それは私ではない。

それに対して、からだ概念はそれへの批判から生まれている。からだにはからだの言い分があり、主張がある。それを聴くことが大事だという発想である。そしてそのからだの声を聴くことができないと、からだは主体性を取り戻すこ

136

第10章 「からだ」？ 「体」？ 「カラダ」？

とができないし、「まるごと全体」のからだ[1]にはなれないというのである。

　カラダとからだの違いは、私という一人称をどの範囲で理解するのかというかたちで考えられるだろう。カラダの場合、手や足といった身体は私ではない。意識という私が操作する対象、あるいは道具となる。それに対して、からだの場合、私＝身体である。この、カラダとからだとの違いを「手を出す」と「手が出る」という二つの表現からみていこう。「手を出す」ときの主体は「心＝意識」であり「自我」である。意識優位の「近代的自我」といってもいいだろう。自我（意識）が先にあって、あるもの（対象）を取ろうと意識し、そして文字通り手段としての手（肉体）をもの（対象）に向かってのばす。それが「手を出す」である。この場合に、カラダ概念は、自我（意識）を一人称の私ととらえるわけである。それに対して「手が出る」の場合、意識は実際の動作に遅れてやってくる。思わず手が出ている。そして「しまった！」と思って自我（意識）は手が出ていることにあとから気づく。ここでは、からだが自我（意識）より先なのである。そしてこの自我（意識）より先の身体を一人称の私とするのがからだ概念となる。

ワーク 10 - 1

【「からだ」の動きを表現することば】
①「手が出る」といった表現のように、「思わず」出てしまう「からだ」の動きを表現することばを探しましょう。
②４人１組になり、見つけた表現をシェアしましょう。
③他の人のアイデアに触発されて、似たような表現や新しい表現がないか４人組で探しましょう。
④さらにネット等も利用して、表現を探しましょう。

　からだ概念は「主体としてのからだ」の動き、「思わず」出てしまう無意識の動きを大切にする。たとえば、せきやくしゃみやあくび。どれも意図的・意識的にするものではない。あるいは風邪。これも意図的・意識的にひくものではない。むしろ、忙しいときや予定のあるときなど自我（意識）にとっては都合の悪いときにひいたりする。せきやくしゃみやあくびも私たちは極力抑えようとしたり、嚙み殺そうとしたりする。私たちの身体をカラダととらえると、

137

風邪もせきもくしゃみも、私たちにとっては都合の悪いもの、好ましくないものとなる。それに対して身体をからだととらえる考え方によると、それは抑えるものではなく、むしろ歓迎すべきものとなる。たとえば、野口整体の創始者である**野口晴哉**（1911–1976）はこれらのものを、身体を調整する反応、からだからのメッセージととらえる。だから風邪をひいて熱が出てもそれを無理やり下げるようなことはせず、むしろ温める。からだが熱という動きを出してきたのだから、それを抑えつけるのではなく、むしろ自由に展開させる。そうすると不思議と身体は風邪をひく以前よりも調うのだという。野口はそれを「風邪の効用」と呼ぶ[2]。

　ここにある「主体としてのからだ」という概念は、からだにはからだの都合があり、それを大切にしていこうという発想である。自我（意識）にとっては、都合が悪い風邪もからだにとっては必要なことであり、それを無理に抑えてしまうのは身体をカラダにしてしまうことになる。自我（意識）の都合のいいようにカラダを操作するのではなく、からだの言い分を聞いて、からだのやりたいようにやらせる。それが「主体としてのからだ」という考え方である。

　「手が出る」ときと同じように、自我（意識）でカラダを操作しようとするのではなく、先に出た「主体としてのからだ」の動きを大切にして、それについていくことで、からだそのものになりきる。主体としてのからだの動きを尊重して、「私」がからだになれたとき、「からだ＝私」は最も効率よく、最も都合よく動くことになる。そんな「まるごと全体」としてのからだへの信頼がここにはあるのである。

2．「からだ」になる

気づく「からだ」

　それでは身体をカラダとして扱うのではなく、私＝からだとなるためにはどうすればいいのだろうか。

　そのためにはまず、からだの声に耳を澄ます必要がある。それは「耳を傾ける」というよりは「耳を澄ます」といったほうがいいようなくらい繊細な感覚でである。からだの声は普段は自我（意識）の声に隠れていて、とても小さい。

第10章 「からだ」？「体」？「カラダ」？

そして、身体がこわばっていたのではからだの声を聴く繊細な感覚は消えてしまう。だからまずこわばりをほぐす。しかし私たちはそもそも自分の身体がこわばっていることに気づいてすらいない。そこで竹内のレッスンも野口体操も、自分の身体のこわばりに気づくことからはじめるのである。気づき、ほぐし、感じるというプロセスのなかで、私たちはからだの声を聴くことができるようになり、からだは主体性を取り戻し、動き出す。主体としてのからだの動きが出てきてはじめて私たちはからだになれるのである。

───ワーク10-2───
【身体の緊張に気づく】
①2人1組になり、1人が立ち、リラックスします。
②リラックスして立てているなと思ったら、もう1人に合図します。
③パートナーは、立っている人の手を持ち、少し持ち上げてみます。そのときの重さはどんな感じでしょうか？
④パートナーは、持ち上げているその手をパッと放します。手の動きはどうなったでしょうか？
⑤立っている人は、手を持ち上げられるとき、手を放されるときに、力が入らないように、リラックスする工夫をしながら、何度かやってみましょう。

　立っている人がほんとうにリラックスして力が抜けていたら、持ち上げる手はパートナーには重く感じられるはずである。逆に立っている人の力が抜けていなかったり、自分で手を持ち上げていたりしていたら、軽く感じられるはずである。そして、手を放したときに、立っている人の力が抜けていれば、手は重力に従ってストンと下に落ちるはずである。手がその場に残っていたり、ゆっくり降りていったりした場合には、力が入っているということになる。
　どうだっただろうか？　リラックスしているつもりでも、意外に力が抜けていないことに気づくのではないだろうか。私たちの身体はつねに無意識に緊張している。そしてその緊張していること自体に私たちは気づいていないのである。これではからだの声を聴くことなどできない。まずは気づくこと。そして

139

次にほぐすこと。

ほぐれる「からだ」

　私たちの身体が無意識にこわばり、緊張していることに気づいたら、次にはそれをほぐしてみよう。

ワーク10-3

【ほぐす（ねにょろ(3)）】
①2人1組で、1人が足を閉じた状態で寝転がります。
②もう1人が、寝ている人のつま先をもって、つま先から踵までを前後に揺さぶります。
③揺さぶったときの振動の波がからだのどこまで届いているか、2人で確認します。振動は股関節、お腹、胸、肩、頭のどこまで届いているでしょうか？そして、寝ている人の体感と、揺さぶっている人の目に見えていることは一致しているでしょうか？
④揺さぶったときの波が頭まで届いていない場合は、頭まで届くよう、寝ている人は力を抜くことを意識してみます。寝ている人は自分を革袋であるとイメージしてみます。皮膚が革袋でそこに水が詰まっている。その水の中に骨や筋肉や内臓が浮かんでいるイメージです。揺さぶる人は、その革袋の中の水を揺さぶるイメージで揺さぶってみてください。揺さぶりを大きくしたり小さくしたりして、相手の力が抜けるよう工夫します。
　また、波が止まる箇所がはっきりしていれば、そこを重点的にほぐして、波が伝わるようにします。2人でうまく波が伝わるよう工夫してみましょう。
⑤足元から足首、膝、股関節、お腹、胸、肩、首、頭と波が伝わっていくのを寝ている人も揺さぶっている人も感じながら、リズミカルに揺さぶり、気持ちよく振動の波を伝えていきます。
⑥次に、足を左右に揺さぶってみます。左右の揺れの波は頭まで届いているでしょうか？　④と同じように頭まで揺れが届くよう工夫してみましょう。
⑦前後のときと同じように、足元からの波が頭まで伝わっていくのを2人で感じながら、しばらく続けます。

第 10 章　「からだ」？　「体」？　「カラダ」？

⑧ゆっくりと揺さぶりを小さくしていき、波をフェイドアウトさせて、波がおさまったら揺さぶっていた人は手を放します。

⑨どんな感じだったか、お互いにシェアしてみましょう。

⑩交代して同じことをします。

　私たちの身体をほぐすのに、イメージは大きな助けになる。上のワークの指示として、「振動」「揺れ」「波」といった表現を使ったが、どの言葉がワーク中の感覚にフィットしただろうか。あるいは、どの言葉だと身体はうまくほぐれただろうか。同じような状態をあらわしていたとしても、「振動」という言葉がもつイメージと「波」という言葉がもつイメージとではまったく異なった身体感覚を呼び起こす。同じように、自分自身を「水の入った革袋」というイメージでとらえると、そのイメージにより呼び起こされた身体感覚に影響されて身体の状態も変化する。物理的なカラダを揺さぶってもらうことでほぐし、さらには「波」といったイメージや「水の入った革袋」といったイメージを使って、からだをほぐしていく。イメージはカラダとからだの接点で機能するのである。先の市川の分析でみたようにからだ言葉の比喩的表現は生理的なレベルのみをあらわすのではなく、社会的レベルも心理的レベルも意味する。イメージを使うことで、カラダはからだとなり、まるごと全体の私となることができるのである。

　そして、このワークでは、寝ている人も揺さぶっている人もともにその揺れの感覚を感じることも重要になってくる。からだは個人の内側に閉ざされた物理的な身体であるカラダとは異なり、カラダの外にある環境や他者とも相互に影響しあう関係的な存在である。揺さぶっている人は、うまく揺さぶることができているときには、たしかに自分が揺さぶっているのだが、寝ている人のからだの反応や揺れに影響され、一方的に揺さぶっているときとは異なる感覚が生じてはこなかっただろうか？　寝ている人も、しばらく揺さぶられていると、それが一方通行的なものというよりは揺さぶっている相手との一体感のようなものが感じられてこなかっただろうか？　互いに揺れの感覚を感じていると、不思議なことに、自分と相手との境界線の感覚すらもゆるみ、ほぐれていく。からだがもつ「まるごと全体」性は個人に閉ざされたものではないことがわ

かってくる。そこまでほぐれてくれば、私たちはからだから届けられるさまざまなメッセージを受け取ることができるようになる。次のそのメッセージを受け取るための感じる「からだ」についてみていこう。

感じる「からだ」

客体としての、物理的なカラダのこわばりに気づき、それがほぐれてくると、環境や他者との距離感や関係性も変わってくる。個人の内側に閉ざされたカラダではなく、外部の環境や他者とも相互に交流している関係的な存在としてのからだになってくるのである。そうなってくると、カラダは意識の操作対象としてだけではなく、自らの主張をもった「主体としてのからだ」になっていく。主体としてのからだは、外部の環境世界や他者とも相互に交流する関係としてのからだでもあるのである。

気づくことと感じることの違いはそこにある。最初の段階の気づくは、自分自身の身体のこわばりに対する気づきである。それは、身体を対象化して理解するあり方に近い。それに対して、気づき、ほぐれたうえで行う「感じる」は身体を対象化するのではなく、「身体＝自分」であるからだである。このことを竹内は以下のように述べている。

> からだが「見える」こと、あるいは、からだが語っている言葉を「読み取る」ことは、そこに起こっている微妙な現象に気づくことから始まるけれども、その現象から自分を引き離し、それを対象化して眺め、データを集め分析するということは違った次元に属することのように思われます[4]。

私と身体とに距離をつくり、それを外側から対象化して眺めるというのとは次元の違うことなのだと竹内はいう。対象化して眺めるのではなく、内側から出てくるものに即座に応答しているからだである。そういった意味では、感じるという表現では一歩遅れることになる。感じて動いたのでは遅いのである。「感じる＝動く」が「身体＝自分」であるからだなのである。

第 10 章　「からだ」？　「体」？　「カラダ」？

―――ワーク 10 - 4―――

【感じる】

①手を組み、その手を上に伸ばして手のひらをかえして上に向けます。そのまま手で上半身を持ち上げるように腕を上に伸ばしていきます。そのときのからだの感じを覚えておきましょう。

②次に、同じように組んだ手を上に伸ばして、手のひらを上に向けた状態で、軽く息を吸います。その吸ったときのからだの動きに従いながら手や腕、上半身を上に伸ばしていきます。そのときのからだの感じはどうでしょうか？

③今度は、手を組まずに、自分の好きな感じで腕を上に伸ばして、あくびをしながら伸びをします。からだの動きは、とくに決めずに、そのときの動きたい感じに従って、ねじったり、横に傾けたり、自由に伸びましょう。あくびが出なければ、あくびをするように口を大きく開けて息を吸いながら伸びてみましょう。

④三つの伸び方の違いとからだの感じの違いについて、3、4 人のグループになって話してみましょう。

　　三つの伸びの仕方の違いを感じ分けることはできただろうか？　そして、あくびに誘発されるように、からだの内側からの動きを感じることはできただろうか？　あくびという自然発生的なからだからの欲求や動きを起点として、それを全身へと広げていく。感じてから動かすのではなく、感じたままに動く。これが、私たちがからだになっていく第一歩である。それでは次に、このからだを教育の方法とすることについて考えていこう。

3．教育の方法としての「からだ」

子どものことがわかる「からだ」

　教師が身体をカラダとしてではなく、からだとしてとらえ、それを生きることができるようになると、子どもとのかかわり方が変わってくる。自分自身の身体とのかかわり方は、他者とのかかわり方の基盤となる。それゆえ、自らの身体を操作の対象としていると、他者とのかかわり方もそれに準じたものとなる。それに対して、身体を私という一人称を含んだ「まるごと全体」としてとらえると、他者とのかかわり方も、私とあなたといった切り離されたものでは

143

なく、つながり、影響し、共鳴しあうものとなる。そのからだとなった教師が子どもとかかわるとき、いわゆる子どものことが「見える」とか「わかる」といった事態のニュアンスも変わってくる。この場合の「見える」「わかる」は、子どもを客観的に観察して理解するということではなく、子どもとある意味まるごと一つになるような体験である。そのことを竹内は以下のように述べている。

　　ミエルとかワカルとかいうことは、自分のからだに、向こうのからだの中で動いているものが移ってくるというか、わたしのからだが共振し始めるというか、その主体の目で世界を見、からだで感じるという、全くナマナマしい、ジカな体験なのです[5]。

　外から子どもを眺めて、自分の知識や経験に当てはめて、子どものことを理解するのではなく、子どものからだと教師のからだが共振し同じ世界を生きるという「全くナマナマしい、ジカな体験」が「ミエル」とか「ワカル」ということなのだと竹内はいう。「自分のからだに、向こうのからだの中で動いているものが移ってくる」という表現などをみると、妄想や空想の類とも思ってしまいそうである。しかし、そう思うのは、身体をカラダ概念でとらえるからである。身体と私とを切り離し、操作や観察の対象とすることは、他者の身体と私の身体も切り離されたものとして理解することになる。しかし、私たちの身体は実際には外界や他者と相互に影響しあっている。たとえば、小学校や中学校で、クラスの委員を決めなければいけないときの、あの緊張感に満ちた静まり返った空気を思い出してみてほしい。そのときの教室の空気感や雰囲気は私たちの身体にも影響を与えている。重苦しい教室の空気感は、私たち自身の呼吸も重苦しくし、重苦しい呼吸は私たちの身体をも重苦しくさせる。そしてその感覚はおそらくその場にいる全員が感じていることだろう。「場の空気を読む」という表現もあるように、私たちはその場の雰囲気を感じることを通して、他者や他者の身体とコミュニケーションしている。たとえ一言も発しなくても、そこで何かがやりとりされているということは感じられる。こう考えると、先の竹内の表現も空想ではないということがわかるだろう。「空気を読む」とい

第10章 「からだ」？ 「体」？ 「カラダ」？

うような、ある種感覚が鋭敏になった状態になると顕著に感じられるが、そうでない状態であっても私たちの身体は外界や他者と常にコミュニケーションし、相互に影響しあっているのである。

　身体をからだとしてとらえ、からだを生きているときには、上記の例のように緊張感を高めなくても、自然に場の感じや相手のことが感じられる。教師がカラダではなく、からだになることの意味は、ここにある。教師が子どもを理解することが大事だとさまざまなところで論じられるが、それは子どもを外から眺めて観察し理解するといった仕方ではない。子どもとともにその世界を生きることによって子どもを理解する仕方のことである。身体がカラダとからだではまったく異なった様相をみせるように、子どもに対する理解も外からの観察による理解と子どもとともに生きるなかで得られる理解とではまったく異なったものとなる。教師が教育実践において必要とされる子ども理解は後者である。そしてそれは、教師の身体がからだになることによってはじめて可能となるのである。

ことばが届く「からだ」

　教師の身体がからだになると、教師の声が変わってくる。たとえば、第9章のワーク9-2「話しかけのレッスン」においても、声がスッと相手に届くようになる。「声は、からだからことばが生まれ出て他者に至ろうとする、もっともなまなましいプロセスの現れ[6]」であると竹内はいう。ことばはからだから生まれ、声はそれが他者に届くプロセスのあらわれなのだというのである。自分のなかにある思いが、からだを通り、声となって発せられ、その声の振動が伝わってことばが相手に届く。音が届くのではなく、声が届くのである。思いが音とつながって声となり、それがことばとして相手に届く。声は物理的な音であるだけでなく、その人の思いであり、その人そのものでもあるのである。だから竹内は「なまなましい」と表現するのである。

　ことばを届ける技術とは、単に声が大きかったり、声の通りがよかったり、あるいは滑舌がよかったりといったカラダの技術ではない。聞きやすい声であっても、ことばが届かないことはいくらでもある。音は届いても声は届いていない。「話しかけのレッスン」がねらっているのは、そこである。聞く側は、

145

話しかける側の呼びかけを音としては聞いているのだが、自分が呼びかけられているようには感じられないことがある。どんなに大きな声で呼びかけられても、届いてこない声がある。一方で、そんなに大きな声でなくても、またそんなに聞き取りやすい声でなくても、スッと入ってくる声がある。その、まさに自分自身に届けられていると感じられることばとは、からだから生み出されるものであり、それが届くプロセスが声なのである。逆にいえば、私たちのことばは、私たちがからだにならないと届かないものなのだともいえるだろう。何かを説明するためのコトバ、指示したり命令したりするコトバもたしかに相手に届く。しかし、そのコトバを子どもたちが受け取っているのは、ほかならぬ自分自身に届けられたと感じたからではなく、学校システムという構造のなかで、聞かなければいけないと教えられてきたからであり、そうすることによって利益を得たり、罰を回避できたりするからである。それは「ことばが届く」ではない。「琴線に触れる」という表現があるが、相手から発せられた声が、自分のなかの何かに触れ、揺さぶられることがある。それがここでの「ことばが届く」に近いだろう。命令や指示、あるいは説明のように、頭で理解して行動するといったあり方とはまったく異なるコミュニケーションのあり方である。

　人がほんとうの意味で変わったり、成長したりするのは、おそらくコトバによる指示や説得をされたときではなく、ことばが届けられたときであろう。「主体的・対話的で深い学び」という学びのあり方がねらっているのもそのことではないだろうか。対話とは、コトバのやりとりではなく、ことばのやりとりである。そしてそのことばを発することのできるからだこそが主体なのである。子どもたちがからだとなり、そこからことばが生み出され、声となって相手に届けられる。聴き手も、その声がほかならぬ自分自身に向けられたものだと感じ、それを受け取り、受け取ることで自分のなかの何かが揺さぶられる。揺さぶられることで、自分のなかの何かが動き出し、それをことばにしようと全身で考える。このプロセスにおいては聴き手も話し手と同様からだとなっている。全身で受け取り、全身で考え、全身で声にする。そのまるごと全体のからだ同士のやりとりこそが対話であり、そこで生み出される新たなものこそが深い学びなのである。竹内は、「身体の内部の感じを探ることに集中すれば、自然と呼吸が深くなり、胸を吊り上げて固めてはいられなくなる。声は深い、

第10章 「からだ」？「体」？「カラダ」？

腹に響く声になる。こうなると自分のからだの感触にも気が付く。不思議にこうなると、言葉が相手にふれ、染みこむ。腑に落ちる[7]」と述べている。

そのような対話の場が成立するためには、竹内流にいうならば、対話の当事者がからだにならなければならない。子どもたちがからだになれたときにはじめてディスカッションや会話は対話となる。そして、そのような場をつくるためには、何よりも教師自身がからだにならなければならないのである。対話の場をつくる教師の言葉が、カラダから発せられた指示的なコトバであったら、そこで行き交う言葉はコトバでしかなくなるだろう。たとえ指示的な内容であっても、教師から発せられた声がからだから生み出されたことばであれば、場は対話的なものになるだろう。これは、一見一方通行的にみえる講義の場合でも同じである。教師がからだとなってことばを発し、それが声となって聴き手に届くとき、一方通行にみえる講義においても対話は成立するのである。逆に**アクティブ・ラーニング**において、そこで行き交うものがコトバでしかない場合、表面的には対話になっているようにみえても、それは対話ではなく単なる会話である。授業形態やディスカッションの表面的な活発さから判断するのではなく、その発せられた言葉がことばなのかコトバなのかを見極めることによって、それが対話的なのかどうかを判断する必要があるだろう。そうでなければ、アクティブ・ラーニングの導入は単に新しいやり方の導入にとどまってしまうであろうし、それでは「主体的・対話的で深い学び」にはならないであろう。「主体的・対話的で深い学び」とは、それを行う教師がからだとなることを要請するものなのである。

自我（意識）が身体を手段として操作するという客体としての身体であるカラダから、身体の声に耳を澄まし、身心未分のまるごと全体の一人称の私として自己を感じ取り、それによって自ずから（おのずから／みずから）動き出す主体としての身体であるからだへと移行すること、それがひらがなの「からだ」ということばがねらうところであり、竹内や野口ら、からだから教育を教えた人たちがこのことばに込めた願いなのである。そしてそれは、現在の「主体的・対話的で深い学び」へとつながるものなのである。

147

注

（1） 「まるごと全体」としてのからだとは、カール・ロジャーズ（Rogers, C.R., 1902-1987）のいわゆる傾聴の三条件（一致、共感的理解、無条件の肯定的配慮）の「一致」に通じるものである。「一致」とは自分の頭のなかで自己一致していると思うことではなく、身心を通じて「まるごと全体」になることである。

（2） 野口晴哉の著書に『風邪の効用』ちくま文庫、2003 年という本がある。野口の教育論は妻の野口昭子『回想の野口晴哉』ちくま文庫、2006 年において具体的なエピソードとともに語られている。

（3） 三好哲司『〈からだ〉とことばのレッスン入門』春秋社、1993 年、45-46 頁を改変。

（4） 竹内敏晴『教師のためのからだとことば考』ちくま文庫、筑摩書房、1999 年、154 頁。

（5） 竹内敏晴『教師のためのからだとことば考』ちくま文庫、筑摩書房、1999 年、157 頁。

（6） 竹内敏晴『思想する「からだ」』晶文社、2001 年、16 頁。

（7） 竹内敏晴『からだが語ることば——α＋教師のための身ぶりとことば学』評論社、1982 年、50 頁。

【読書案内】

①竹内敏晴『教師のためのからだとことば考』ちくま文庫、1999 年。

　人がまるごと全体のからだになって、他者とコミュニケーションすることを重視した演出家・竹内敏晴の教育方法論。三角座りがいかに子どもの身心を拘束するのかなど教師のあたりまえをからだの観点から見直している。

参考文献

市川浩『〈身〉の構造』講談社学術文庫、1993 年。

竹内敏晴『からだが語ることば——α＋教師のための身ぶりとことば学』評論社、1982 年。

竹内敏晴『ドラマとしての授業』評論社、1983 年。

竹内敏晴『ことばが劈かれるとき』ちくま文庫、筑摩書房、1988 年。

竹内敏晴『教師のためのからだとことば考』ちくま文庫、筑摩書房、1999 年。

竹内敏晴『思想する「からだ」』晶文社、2001 年。

野口昭子『回想の野口晴哉』ちくま文庫、筑摩書房、2006 年。

野口晴哉『風邪の効用』ちくま文庫、筑摩書房、2003 年。

野口三千三『原初生命体としての人間』岩波現代文庫、岩波書店、2003 年。

野口三千三『からだに貞く』柏樹社、1977 年。

三好哲司『「からだ」とことばのレッスン入門――地球市民として自分を耕す』春秋社、1993 年。

（小室弘毅）

第11章
教師にとって技術と人間性はどっちが大事？
教育の方法としての教師という存在

1．技術と人間性と身体

技術か人間か

　教師には人間性が大事だといわれ、教師＝聖職論や教師＝人格者論が語られる。一方で、「教師も人間だ」といった声も聞かれ、教師はあくまでも職業であるという考え方もある。どちらの考え方も一理あるといえる。同時にどちらの考えも一理しかないともいえる。

　これをふまえて本章では、教師における技術主義と人間主義について考えていこう。

——ワーク11-1——

【教師にとって大切なのは技術か人間性か？】

　人間性は最低だが教える技術は最高の教師と、人間性は素晴らしいが教える技術は極端に低い教師、どちらに教わりたいですか？　その理由も含めて考え、周りの人と意見を交換してみましょう。

....

....

....

　これは究極の質問である一方で、ナンセンスな質問であるともいえるだろう。なぜならば、人間性や技術という用語のとらえ方にもよるが、教育における技術や方法は、それを使う教師自身の人間性と切り離すことはできないからである。技術と人間性のどちらも大事という意味ではなく、教育において技術は人間性と地続きのものなのである。教育をただ単に情報を伝達することやその情

第 11 章　教師にとって技術と人間性はどっちが大事？

報を定着させることであると考えれば、技術を単独で取り出すことは可能だろう。しかし、教育とは単なる情報伝達ではなく、教育の方法とは情報伝達のための手段ではない。まして、現在うたわれている**「主体的・対話的で深い学び」**では、教えることから学ぶことへと転換が図られている。そしてその学びは、個人で行われるものではなく、対話的なものであり、他者との関係性のなかで行われるものである。そう考えたときに、教育の技術は、単に教師が生徒に効率よく情報を伝達するための手段ではなく、生徒の学びに寄与する教師のあり方そのものや生徒との関係性のとり方といったものも含まれることは容易に理解できるだろう。それゆえ、ワーク 11 - 1 の問いは究極の問いであると同時にナンセンスな問いでもあるのである。

身体という技術

　ここでは、その技術主義と人間主義という二項対立のあいだに身体という視座を入れて考えてみよう。技術としての身体、方法としての身体という視座である。身体という視座を入れることによって、技術と人間性とは地続きのものとなる。なぜなら、身体とは、ほかならぬ私自身の身体だからである。たとえば、まったく同じ指導案、まったく同じやり方で授業をしたとしても、ベテラン教師と新人教師とでは授業のあり方も子どもたちの学びもまったく異なったものとなるだろう[1]。指導案、技術といったものは、いってみればマニュアル、あるいは骨格のようなものである。同じような行動、ふるまいをしたとしても、それを行う人間が誰なのかによって、まったく異なった効果を発揮する。身体という視座は、その誰がということを浮かび上がらせるのである。教育における方法とは、教師 1 人ひとりがもつ、癖や性格、好み、あるいは教育観や人間観といったものの総体から成り立つものなのである。

ワーク 11 - 2

【身体の癖を感じる】
①椅子に腰かけ、前を向きます。
②真後ろの人から呼びかけられたと思って、後ろを振り向いてみます。
③周囲の人の振り向いた向きと自分の向きとを比べてみましょう。

④反対側から振り向いて、最初のときとの違いを比べてみましょう。

　振り向く向きは人それぞれだっただろう。左右それぞれから振り向いたときの感じはどうだっただろうか？　おそらく最初に振り向いた向きのほうが振り向きやすかったのではないだろうか。真後ろの人から呼ばれたときに振り向く選択肢は左右半々に等しくある。しかし、人にはそれぞれに身体の使い方に癖があり、無意識にやりやすいやり方を選択してしまうのである。そしてそれは身体のゆがみに由来すると同時に、身体のゆがみにつながる。身体がゆがんでいるから、自然と振り向きやすいほうを選択するのであり、振り向きやすいほうばかりを選択するから、身体はさらにゆがむのである。

　その身体のもつゆがみや癖は、対人関係の癖にもつながる。

───ワーク11-3───
【居心地のいい位置関係】
①2人組になって、隣同士で椅子に座ります。
②自己紹介をしたり、少し会話をしながら、その位置関係で座ったときの感覚に意識を向けます。
③次に、席を入れ替えて反対側に座ります。
④②と同じように、会話をしながら、その位置関係で座ったときの感覚に意識を向けます。
⑤どちらの位置関係のほうが居心地がよかったり、話しやすかったりしたのかについて2人で話してみましょう。

　日常生活のなかでも、友人や恋人と2人で道を歩いているとき、同じ相手とは同じ位置関係で歩いていないだろうか。私たちは無意識に居心地のいい位置関係を選択している。そこには自分の身体の癖と相手の身体の癖が関係している。ワーク11-2は身体のねじれ癖を発見するためのものだが、右にねじれている人は、無意識に人の左側に立とうとする傾向があるのではないだろうか。身体が右にねじれているので、右側に人がいたほうが身体の向きが楽になるからである。ワーク11-3の場合、相手の身体の癖との相性によって位置関係は変わってくる。自分の居心地のいい位置関係が相手にとってもそうであるとは

限らない。日常生活においては、他のさまざまな要因によって、位置関係は変わってくる。しかし、いつも一緒にいる相手だと位置関係はおのずと決まってくるだろう。人間関係はこういった身体の癖同士のコミュニケーションによって成立しているのである。

　この身体のゆがみは、私たちのパーソナルスペース感覚にも影響を与えている。パーソナルスペース感覚は同心円ではなく、身体のゆがみにあわせていびつなかたちになっている。そしてこの感覚は相手との関係性によっても変化する。親しい人とは近く、そうでもない人とは遠くと、心理的距離感と居心地のいい物理的距離感とはリンクしている。また言葉の伝わり具合もこれに関係する。同じ人から同じことをいわれたとしても、それが右からいわれるのと左からいわれるのとでは感じ方が変わってくる。上からいわれたときと下からいわれたときとでも変わってくる。

―― ワーク11-4 ――
【言葉をかける角度】
① 2人組になり、1人は言葉をかける側、もう1人は言葉をかけられる側になります。
② 言葉をかけられる人は、椅子に座ります。
③ 言葉をかける人はいろいろな角度からその人に声をかけてみます。かける言葉は、その人の名前、「ありがとう」、「ごめんなさい」の三つを試してみましょう。一つの言葉を決めて、それをさまざまな角度から投げかけてみます。
④ 言葉をかける人は、パートナーの前に立ち、上からその人に向かって言葉をかけます。次にしゃがんで下から言葉をかけます。右、左、後ろと上下の角度だけでなく、左右の角度も変えながら試してみましょう。
⑤ 言葉をかけられる人は、同じ言葉が、かけられる角度が変わることで、どのように感じられるかに意識を向けながら聞きます。言葉をかける人は、角度を変えることで、相手の表情や身体にどのような変化があらわれるのかを観察しながら言葉をかけます。

⑥一つの言葉が終わったら、次の言葉で試してみます。

⑦三つの言葉が終わったら、どんな感じがしたかシェアしてみましょう。

⑧役割を交代して同じことをします。

　身体のゆがみや癖が人それぞれであるように、感じ方も人それぞれである。たとえば、子どもと話すときは子どもと同じ目線の高さにするのがいいからしゃがんで話すといいという考え方がある。しかし、その子どもの癖や好み、そのときの状況、さらに教師の癖や好みとさまざまな要素の複雑なからみあいのなかで、その子どもとの距離感や位置関係は決まってくる。マニュアルや方程式のように、こうしておけば正解ということはありえないのである。

　このように教育における技術は、単独で存在するものではなく、属人的で状況依存的なものである。技術は道具ではない。ましてや近年の誰にでも使いこなせるように設計されたスマートフォンやデジタルカメラのような道具ではない。道具だとするならむしろ鑿やナイフのような、それを使いこなすためには一定の訓練が要求される道具であろう。そしてその道具の使いこなし方にはその人なりの癖が出てくる。そしてそれが味になる。つまり、教育における技術とは彫刻をするときの道具を使いこなす技術のようなものだとイメージすればわかりやすいだろう。鑿やナイフはただ使えればいいわけではない。使いこなすためのその人なりの熟練の技術が必要になる。職人技といわれるものがそれである。それをひらがなの「わざ」という表現でいいあらわそうとする人もいる(2)。あるいは技術という漢字にアートというルビをふることで表現しようとする人もいる。教育における技術とはそれくらい繊細で緻密なものなのである。

　一方で、それを職人技、名人芸といってしまうと、とたんにどうやってその技術を身につけていいのかわからなくなってしまう。人間性という言葉も同じように機能する。教師は人間性が重要だといわれれば、たしかに納得はするが、それをどのようにして身に付けていけばいいのかわからないのである。あるいは、教師＝聖職論、教師＝人格者論のように、それを道徳的にとらえてしまうと、品行方正であらねばならないといった意味になってしまう。しかし、人間性は品行方正とは別のものである。これを道徳的意味で理解してしまうと見落

第11章　教師にとって技術と人間性はどっちが大事？

としてしまうものが出てくる。ここでは人間性をあえて教育の方法としてとらえることによって考えていってみよう。

2．人間性という方法／方法としての人間性

ロジャーズにおける「人間」

　来談者中心療法を開発し、現代カウンセリングの祖ともされる**カール・ロジャーズ**（Rogers, C.R., 1902-1987）は、"On Becoming a Person"（邦訳タイトルは『ロジャーズが語る自己実現の道』）という、まさに「1人の人間になることについて」というテーマで論考をまとめている。そこには「意味ある学習」「教えることと学ぶことについての私見」といったロジャーズの教育論が収録されている。そこでロジャーズは自身の心理療法の知見から、教師に1人の「人間」であることを求めている。

　ロジャーズは、心理療法においてクライアントが変化するために必要にして十分なカウンセラーの条件として「**一致**」「**無条件の肯定的配慮**」「**共感的理解**」の三つを挙げる。カウンセラーがこの三つの条件を達成、維持できたときにクライアントに有益な変化が生じるという。この条件は、カウンセラーが1人の「人間」としてクライアントの前に立つためのものである。ロジャーズは以下のように述べている。

　　その心理療法が最良の深さと広がりをもっているならば、そのときセラピストはクライアントときわめて個人的な、主観的な関係の中に入っていくことができる。つまり、科学者のように研究対象としてかかわるのではなく、医師のように診断し治療するという期待を持ってかかわるのでもなく、人と人（a person to a person）としてかかわるのである[3]。

　カウンセラーが科学者や医者のように、クライアントとかかわるのではなく、「きわめて個人的な、主観的な関係」に入っていくことによって、クライアントに有益な変化が生じるのだという。そのためにカウンセラーは上記の三条件を達成、維持する必要があるというのである。

155

ロジャーズは、これを土台にして教育について考えている。「一致」とは「セラピストがその関係の中で一つにまとまった（unified）、統合された、もしくは一致している人であること」とされる。それは「その関係の中でセラピストが、仮面や役割や見せかけなどから離れて、まさしくありのままの自分であるということ(4)」である。教師の場合それは、教師が子どもを前にして感じる怒りや悲しみや不安や恐怖といった自分自身の感情を受容しているということであり、そうすることによって「教師は生徒との関係において1人の真の人間になる(5)」のだという。そして「教師が一致しているなら、学習は促進される(6)」のだというのである。

　「無条件の肯定的配慮」とは、条件なしに相手に関心をもつことであり、「クライアントが彼自身の感情や体験を持つこと、その感情や体験のなかに彼自身の意味を見いだすことを許容しながら、クライアントを独立した人として受容し、配慮すること(7)」であるとされる。「共感的理解」とは、「クライアントの私的な世界をあたかも自分自身のものであるかのように、しかも、この「あたかも」という質を決して失うことなく感じること(8)」とされる。教育においてそれは、「教師が生徒をありのままに受容することができ、生徒が持っている感情を理解することができるなら、意味ある学習が生じる(9)」とされる。教師が生徒の感情を積極的に受容しようとすると、「生徒は学校での活動そのものに対する態度だけでなく、親についての感情や、兄弟への敵意の感情、自分自身に関する感情など、ありとあらゆる態度を表現する(10)」ようになるという。そして「そうした感情は人間の成長にかかわるものであり、効果的な学習や効果的な機能が生じることにかかわるもの(11)」なのだとされる。ここで注目すべきは、ロジャーズが「意味ある学習」には感情が関係していると考えていることであろう。「意味ある学習」とは「知識を増大させるだけのものではなく、個人の実存のあらゆる部分に浸透するような深い影響力を持った学習(12)」であるとされる。知的なレベルの学習ではなく、その人の実存に深くかかわる学習には感情が関係するとロジャーズは考え、教師は自分自身の感情も、子どもの感情も、どちらも受容する必要があるという。そしてそれが「1人の真の人間」として生徒の前に立つことであるというのである。

　教師は子どもの前で冷静でいなければならない、理性的であらねばならない

第11章 教師にとって技術と人間性はどっちが大事？

といった社会的イメージが強く、実際教師も子どもの前で感情をあらわすこと
は少ない。もちろん、ここでロジャーズが要求しているのは、感情を表現する
ことではなく、感情を受容することである。私たちは痛みや感情といったスト
レスに対して、筋肉を硬直させることによってそれに対応しようとする。足の
小指をぶつけたときのことを思い出してみてほしい。足の筋肉に力を入れて痛
みをこらえていないだろうか。あるいは、泣いている子どもに「泣くな」と
言ってみてほしい。子どもは全身を固めて泣くのを止めようとするだろう。私
たちは無意識に、筋肉を硬直させることによって痛みや感情を止めるすべを
知っているのである。そして大人になればなるほど、この操作は自動化してく
る。つねに筋肉を硬直させておくことによって、感情のストレスを感じなくさ
せてしまうのである。感情を表現することは大人として恥ずかしいという思い
から、いつのまにか身体を固めて、そもそもの感情を感じなくしてしまう。そ
れは感情の受容ではなく感情の抑圧・拒否である[13]。そして、自分自身の感
情を抑圧し、受容できていない人間は、当然他者のそれを受容することもでき
ない。だからこそ、ロジャーズは「一致」を重視するのである。他者の感情を
受容する以前にまず自分自身の感情を受容しなければならない。ロジャーズに
おいて、「意味ある学習」を促進する教師とはそのような「1人の真の人間」
であることができる教師なのである。

```
─ワーク11-5─
【感情体験】
①最近いつ感情を感じましたか？
......................................................................................................

②それはどのようなものだったでしょうか？
......................................................................................................

③それに対してどのように対処したでしょうか？
......................................................................................................

④あなたは普段、感情を感じるような体験を意図的にしているでしょうか？
```

157

どうだろう？　感情をともなった体験は思い出せただろうか？　これは歳を
とればとるほど難しくなるワークである。とくに成人男性は怒りや悲しみを表
現することに対する社会的制約は大きいため、そもそも感情を感じること自体
をしなくなってしまう。しかし、人間としての教師は、その感情を表現するか
どうかは場合にもよるが、感じなくするのではなく受容しなければならない。
そのためにも④は重要である。感動する映画を観て泣いたり、美術館に行った
り、自然のなかに入ったりと、心が動く体験を、人間としての教師はつねに意
図的にしておく必要があるのである。
　次に、その人が発する言葉との関係から人間性についてみていこう。

言葉と人間性

　2019年4月にプロ野球選手のイチロー（1973-）が引退した。スポーツ雑誌
『Number』に引退時のロングインタビューが掲載されている。そのなかでイ
チローは以下のように語っている。

　　同じ言葉でも、誰が言っているかによって意味が変わってきます。だから、
　　まず言葉が相手に響くような自分を作らなければならないと考えています。
　　今は言葉を発することが先になってしまっている時代のように見えますが、
　　言葉を発する前に、まず自分を作れよって思います。そうすれば自分なり
　　の言葉が出てくるはずだし、人が聞いたときの伝わり方がまったく違って
　　くるはずです。だからまずは黙って、やること。言葉を発するのはそのあ
　　とでいいんです[14]。

　ここでイチローは、言葉とはそれ単独で意味をもつものではなく、誰がその
言葉を発するのかによって、同じ言葉でもまったく意味が変わってくると述べ
ているのである。だからこそ、発した言葉が相手に響くような自分をつくらな
ければならないというのである。第9章のワーク9-2の「話しかけのレッス

ン」もじつは、どう話しかけるかといった問題以上に、誰が話しかけるのかという問題のほうが大きい。もちろん、いわゆる技術としての声の大きさや方向性、質のコントロールといった問題はある。しかし、それ以上にその言葉を発する人間がどのような人間なのかという問題は、現実世界においては大きく作用するのである。だからこそイチローは言葉を発する前に、自分をつくれというのである。

とくに学びにおいて、言葉というものは、単独で存在するものではなく、誰から届いたのかという、そのルートこそが大きな意味をもつ。知識の蓄積としての学習においては、ルートよりも言葉の意味内容のほうが重要になるだろう。しかし、ロジャーズのいう、その人の実存のあらゆる部分に浸透するような深い影響力をもつ学習においては、それが誰から誰に向けられているのかというルート（つまりはそれこそが教育における方法がもつ意味なのだが）こそが重要なのである。

言葉の宛先

言葉は明確な宛先をもてばもつほど力をもつ。たとえば、スマートフォンやデジタルカメラあるいは PC などの説明書を読んだことはあるだろうか？ 読んだことがある人は少ないだろうし、読んだことがあっても一部ではないだろうか。説明書を最初から最後までちゃんと読んだという人はほとんどいないだろう。一方でたとえば友人から送られてきた旅先からの手紙。読まない人はいないだろう。情報量からすれば、説明書は情報満載、一方の手紙は情報はほとんどない。しかし、私たちはほとんど情報のない（あるとしても「いまどこに来ています」といった類のものだろう）手紙を読んでしまうのは、その宛先がほかならぬ自分自身だからである。説明書の宛先は「みんな」である。誰にでもわかりやすく書かれているということは、誰でもない誰かに向けて書かれているということであり、それを私たちの多くは、私には向けられていないと感じてしまうのである。それは、授業や講演会にも当てはまる。「みんな」に向けられて話されている言葉を聞いていると眠くなるのである。そうではなく、たしかに「みんな」に向けて話されているのだが、この話は自分に向けて話されていると感じた瞬間に目は冴えてくる。つまり、言葉とは宛先を明確に

すればするほど届きやすくなるという構造をもつのである。

そして、その最たるものが弔辞であろう。弔辞とは葬儀や告別式のときに故人と親しかった人間が呼びかける故人への最後の別れの言葉である。弔辞を読む人間の、その言葉の宛先は明確である。しかしその言葉の受け取り手はもう存在しない。宛先は明確でありながらもういない人に向けて語る言葉が弔辞である。その言葉はけっして届くことはなく、受け取ってもらえない。しかし届かないからといって言葉を発することをやめたりはしない。届かないとわかりつつ、それでも届けたいと願い、届いてほしいと祈る。そのようななかで発せられる言葉だからこそ、弔辞は私たちの心を打つのである。私たちが直接知らない著名人に宛てた弔辞であっても、それが響くのは、宛先が明確にありながらも、その宛先はもうないという構造が言葉に力を与えているからなのである。

言葉は、それを誰が発するのかということと、それを誰が受け取るのかということの、二つに大きく影響を受ける。だからこそルートが重要になってくるのである。言葉を届けることを生業としている教師においてこの問題は大きな意味をもつ。言葉を発する教師である自分自身が何者であるのかを問われると同時に、それを届ける相手が誰なのかを教師自身がどう考えているのかが問われるからである。

教師としての私が誰であるのか？

イチローの言葉通り、私たちは言葉を届けるためには、まず自分自身をつくらなければならない。イチローの場合、それは野球選手としてプレーで示すということだった。それでは、教師やそれを志す者はどうしたらいいのだろうか？

教育の個々の技術は、それをいつどのようなかたちで使うのかという方法（論）にもとづいて使用される。そしてその方法（論）は個々の教師の教育観、人間観等の価値観、信念にもとづいている。その教師としての価値観、信念こそが、教師としての私をつくりあげる中核になるものである。

第11章　教師にとって技術と人間性はどっちが大事？

——ワーク11-6——

【教師としての価値観、信念】

①教師を志す者として、自分の教育観について考えてみよう。教育とはどのよ
　うなものだろうか？　教育を行ううえで、何を大切にしたいと思っているだ
　ろうか？

....

....

②教師を志す者として、自分の人間観について考えてみよう。人間とはどのよ
　うなものだろうか？　大人になるとはどのようなことだろうか？

....

....

③近くの人とその考えをシェアしてみよう。

　価値観、信念といってもそれは抽象的な理論ではない。その教師1人ひとり
の性格や好み、癖、育ちといった身体的なものも含む、さまざまなものの総体
として形成される。それが教師としての人間性ということになろう。価値観や
信念はもっているだけでは人間性とはならない。それが人間性にまで体現され
るには、実践の積み重ねが重要となってくる。それゆえ、イチローは「だから
まずは黙って、やること」というのである。人間性は、その人のもつ雰囲気に
あらわれる。雰囲気は、その人の呼吸のペース、リズム、動き方、身のこなし、
所作、目線の配り方、声の出し方、気のつき方、気の配り方といった動きの質
や癖といったものの総合によりつくられる。本人が意識していないなにげない
部分に人間性はあらわれ出るのである。「たたずまい」という日本語があるが、
人間性はこのたたずまいにこそあらわれるといえるだろう。たたずまいは、何
を考えているかとか何を信じているかといった純粋に思想的なものでもないし、
所作や身のこなしといった純粋に身体的なものでもない。その身心両方を統合
したものとして立ちあらわれる。それは、意識的に獲得された技術ではないし、
生得的なものでもない。生得的なものをベースに、信念や価値観が付け加わり、
生きることの実践のなかで形成されていくものが人間性であり、その身体的表
現がたたずまいである。私たちはその人のたたずまいを見て、「あの人はオー
ラがある」とか「存在感がある」といった表現をするのである。そしてその

161

オーラや存在感といったものは、価値観や信念をもとにした実践の積み重ねの
なかで形成されていくものなのである。

3. 存在するという方法

プレゼンス

　ロジャーズは、1986年、死の前年に公刊された論文のなかで、先の三条件
を挙げたうえで、「もうひとつの特徴」として「**プレゼンス**」について論じて
いる。これをどう理解し、どう訳すのかは非常に難しい問題であるが、ロ
ジャーズは、自身がセラピストとして最もよく機能しているときの状態として
それを、「内面の自己、直感的な自己に私が最も接近している」、「内面にある
未知の領域に何かしら接触している」、クライアントとの「関係のなかで軽い
意識変容状態にある(15)」と表現している。そしてそのようなときには、「そこ
に存在している」だけでクライアントに対して援助的になっているのだという。
クライアントとただそこに存在しているだけで、クライアントの問題が解決さ
れていく。そのような不思議な事態をロジャーズは体験し、重視していたので
ある。

　これをどう理解したらいいだろうか。教育に置き換えて考えると、理想的で
はあるが、ありえない状態のようにも思える。教師がただ「そこに存在してい
る」だけで子どもたちが自然に学んでいく。しかし、そのような状態をロ
ジャーズは実際に体験しているのである。そしてそれをプレゼンスと呼ぶので
ある。このプレゼンスを先のたたずまいや存在感といった言葉に置き換えて考
えてみよう。

　教科よりもまずその先生の魅力にひかれて、そのあとにその教科が好きに
なった経験はないだろうか？　それを私たちは偶然の出来事のように思ってし
まうが、それこそその教師の存在感＝プレゼンスのなせるわざである。その教
師だからこそその人はその教科が好きになって、自然に勉強していったのであ
る。この出来事を偶然やその先生の生得的なキャラクターといったものとして
理解するのではなく、教育の方法であると考えてみよう。そうすることで、ロ
ジャーズのいうプレゼンスを獲得できる可能性が少しは広がるだろう。

162

第11章　教師にとって技術と人間性はどっちが大事？

━━ワーク11-7━━

【プレゼンスのある教師】

①これまで出会ってきた教師のなかで、オーラや存在感があると感じたり、た
　たずまいや雰囲気がいいと感じたりした人はいたでしょうか？

　　...

　　...

②その人はどのような空気を身にまとっていたでしょうか？

　　...

　　...

③その人の口癖や印象的だった言葉を思い出してみましょう。

　　...

　　...

④その人のしぐさやふるまいで印象的だったものを思い出してみましょう。

　　...

　　...

⑤その人の何が、その人のプレゼンスをつくりあげているのか、考えてみましょう。

　　...

　　...

　どうだっただろうか。教師のなかで思いつかなかったら、それ以外で自分が
影響を受けた人を対象にしてやってみよう。憧れの人物のまねをすることは多
くの人がやったことがあるだろう。憧れの人になりたくて、服装や話し方をま
ねる。一見馬鹿らしく思えるが、まねることは学ぶことであり、成長の糧とな
る。何より、その人の存在感やたたずまいを生得的なものやその人固有のもの
としてとらえるのではなく、価値観や信念をベースにした数多の実践の積み重
ねの結果としてとらえ、それが立ちあらわれる何げない言葉や仕草に注目する
ことには意味がある。それはそうすることで、方法としてのプレゼンスの一端
を解明できる可能性があるからである。そしてそれを参考に、自らの価値観や
信念を練り上げ、実践を積み重ねていく。そうした日々の地道な行動が教師の
人間性やプレゼンスをつくっていくのである。

163

変わってゆくこと

　最後に、写真家星野道夫（1952-1996）の言葉を引用しよう。星野は主にアラスカをフィールドに自然や動物、人を撮影した写真家である。

　　ある夜、友人とこんな話をしたことがある。私たちはアラスカの氷河の上で野営をしていて、空は降るような星空だった。オーロラを待っていたのだが、その気配はなく、雪の上に座って満天の星を眺めていた。月も消え、暗黒の世界に信じられぬ数の星がきらめいていた。時おり、その中を流れ星が長い線を引きながら落ちていった。

　　「これだけの星が毎晩東京で見られたらすごいだろうなあ……夜遅く、仕事に疲れた会社帰り、ふと見上げると、手が届きそうなところに宇宙がある。一日の終わりに、どんな奴だって、何かを考えるだろうな」

　　「いつか、ある人にこんなことを聞かれたことがあるんだ。たとえば、こんな星空や泣けてくるような夕陽を一人で見ていたとするだろ。もし愛する人がいたら、その美しさやその時の気持ちをどんなふうに伝えるかって？」

　　「写真を撮るか、もし絵がうまかったらキャンバスに描いて見せるか、いややっぱり言葉で伝えたらいいのかな」

　　「その人はこう言ったんだ。自分が変わってゆくことだって……その夕陽を見て、感動して、自分が変わってゆくことだと思うって」

　　人の一生の中で、それぞれの時代に、自然はさまざまなメッセージを送っている。この世へやって来たばかりの子どもへも、去ってゆこうとする老人にも、同じ自然がそれぞれの物語を語りかけてくる[16]。

　ほんとうに大切な何かを伝えるには、自分が変わってゆくしかない。伝えるために変わり続ける存在、それが教師であり、それこそが教育における方法なのである。

注
（1）　たとえば佐藤学・岩川直樹・秋田喜代美「教師の実践的思考様式に関する研究

（1）　――熟練教師と初任教師のモニタリングの比較を中心に」『東京大学教育学部紀要』第 30 巻、1991 年、177-198 頁。

（2）　生田久美子『「わざ」から知る』東京大学出版会、1987 年、生田久美子・北村勝朗編『わざ言語――感覚の共有を通しての「学び」へ』慶応大学出版会、2011 年を参照。

（3）　C. R. ロジャーズ（諸富祥彦・末武康弘・保坂亨共訳）『ロジャーズが語る自己実現の道』岩崎学術出版社、2005 年、170 頁。

（4）　同上、249 頁。

（5）　同上、254 頁。

（6）　同上、253 頁。

（7）　同上、251 頁。

（8）　同上、251 頁。

（9）　同上、254 頁。

（10）　同上、254 頁。

（11）　同上、254 頁。

（12）　同上、247-248 頁。

（13）　身体の緊張が感情を抑圧することに関しては、アレクサンダー・ローエン『からだは嘘をつかない――うつ・不安・失感情、“からだ”からのアプローチ』春秋社、2008 年、久保隆司『ソマティック心理学』春秋社、2011 年ほか、身体心理療法、ソマティック心理療法等の知見を参照。

（14）　「〈完全保存版〉イチロー戦記。1992-2019」『Number』976 号、文藝春秋、2019 年 4 月、28 頁。

（15）　H. カーシェンバウム、V.L. ヘンダーソン編（伊藤博・村山正治監訳）『ロジャーズ選集（上）――カウンセラーなら一度は読んでおきたい厳選 33 論文』第 10 章、誠信書房、2001 年、165 頁。

（16）　星野道夫『旅する木』文春文庫、1999 年、119-120 頁。

【読書案内】

①C. R. ロジャーズ（諸富祥彦・末武康弘・保坂亨共訳）『ロジャーズが語る自己実現の道』岩崎学術出版社、2005 年。

　現代カウンセリングの祖ともいわれ、教育にも大きな影響を与えたカール・ロジャーズの主要著書の一つ。教育に関しても触れられており、教師という存在を考えるにあたって示唆に富んでいる。

参考文献

芦田恵之助『芦田恵之助国語教育全集 12』明治図書、1987 年。

生田久美子『「わざ」から知る』東京大学出版会、1987 年。

生田久美子・北村勝朗編『わざ言語——感覚の共有を通しての「学び」へ』慶応大学出版会、2011 年。

久保隆司『ソマティック心理学』春秋社、2011 年。

佐藤学・岩川直樹・秋田喜代美「教師の実践的思考様式の研究（1）——熟練教師と初任教師のモニタリングの比較を中心に」『東京大学教育学部紀要』第 30 条、1991 年、177-198 頁。

星野道夫『旅する木』文春文庫、1999 年。

アレクサンダー・ローエン（国永史子訳）『からだは嘘をつかない——うつ・不安・失感情、"からだ" からのアプローチ』春秋社、2008 年。

Rogers, C.R. *On Becoming a Person:A Therapist's View of Psychotherapy*, Mifflin Company, 1961. (C. R. ロジャーズ（諸富祥彦・末武康弘・保坂亨共訳）『ロジャーズが語る自己実現の道』岩崎学術出版社、2005 年。

Rogers, C.R. "Client-centered Therapy," in Kutash, I.L & Wolf, A. (Eds.), *Psychotherapist's Casebook: Theory ant Technique in the Practice of Modern Therapies*, Jossey-Bass, 1986. (H. カーシェンバウム、V.L. ヘンダーソン編（伊藤博・村山正治監訳）『ロジャーズ選集（上）——カウンセラーなら一度は読んでおきたい厳選 33 論文』第 10 章、誠信書房、2001 年）。

「〈完全保存版〉イチロー戦記。1992-2019」『Number』976 号、文藝春秋、2019 年 4 月。

（小室弘毅）

第12章
教育にケアは必要なの？
ケアからみる教育方法

1．教えることとケアすること

教えることとケアすることの統合

　近年では、教育とケアという言葉が同じ文脈のなかに登場することはけっして珍しくなくなっている。おそらく「教師が子ども（児童生徒）をケアする」という表現に対しても、違和感を覚える人はあまりいないのではないだろうか。

　教育という営みに含まれている操作的な側面——たとえば、子どものニーズとは無関係に、大人があらかじめ用意した目的の達成に向けて、子どもを指導したりすること——に対する厳しい批判があることもふまえたうえで、現代における教育は、education の語源的意味をふまえたものとして、つまり、教えること（teaching）一辺倒ではなく、子どもがもともともっているものを引き出す営みとしてとらえ直されてきたといえる。それは教えることに偏った従来型の教育に欠けていたものを補い、教育をより豊かな営みにするために不可欠な変化であるとみなすこともできるだろう。

　しかし、ことはそう簡単なのだろうか。教育することとケアすることの統合に、困難はともなわないのだろうか。

```
─ワーク12-1─
教えることとケアすることの異同について、学校教育の場面を例に考えてみましょう。

教師の仕事のなかで、
・「教えること」に該当するのは……
```

・「ケアすること」に該当するのは……

　教えることとケアすること。それぞれどのような仕事の例が思い浮かんだだろうか。もちろん両方にまたがる仕事もあるだろう。しかし、両者が矛盾する場面に気づいた人もいるのではないだろうか。たとえば、子どもが他の教師に対する不平不満をここだけの話として打ち明けてくるような場面。ケアするモードで考えれば、その子がそのような不平不満を抱く気持ちに共感しながら傾聴し、肯定的に受容することが大切に思えるだろう。しかし、教えるモードで考えるならどうだろうか。おそらく教師として子どもからそのような話があったことを実際に「ここだけの話」にはできないと判断するだろうし、その子どもに対しても、当人の気持ちに寄り添うことを前提としながらも、共感的に受容・肯定するだけではなく、状況を変えるためのなんらかの積極的な指導や助言を行う必要を感じるのではないだろうか。

両者の相違をどう考えるか

　このような場面で教師に求められるのは、どのようなふるまいなのだろう。教えるモードでいるときと、ケアするモードでいるときを使い分ける技術が必要ということなのだろうか。たしかに教育もケアも両方とも大切というのは、一見すると穏当な着地点に思える。だが、使い分けといえば聞こえはいいが、子どもの目にはどう映るだろうか。少なくとも使い分けを誤れば、子どもにとってその教師は、自己保身を優先する日和見主義者と受け取られてしまいかねない。教師にもカウンセリングマインドが求められるなど、教育することとケアすることのあいだの距離が相当程度縮まったといえる現代においても、両者のあいだには依然として違いが存在する。少なくとも、その違いを乗り越えたつもりになって、教育もケアも

168

第 12 章　教育にケアは必要なの？

大切というだけではとても十分とはいえないのである。

2．ケアすることと「弱さ」

ケアを必要とするのはだれか

そもそも、一般的にケアといえば、高齢者や病気の人、障害をもった人、あるいは自分の身の回りのことも満足にできないような幼い子どもに対する世話が一番に思い浮かぶのではないだろうか。彼らはなんらかの意味で「**弱さ**」を示す人びとであり、その意味において、ケアとは「**弱さ**」に対する配慮であり、気づかいであるともいえる。

けれども、そうであるとすれば、持て余すほどのエネルギーを抱えた思春期の子どもたちに対して、ケアは必要ないということになるのだろうか。実際、彼らに向きあう教師のありようとして、ケアすることというあり方は幾分弱いものに感じられるという人もいるかもしれない。生意気盛りの子どもたちの無鉄砲な言動を諌めるためには、ケア（援助や気づかい）ではなく、やはり教えること（指導（ときには命令））が必要なのではないか、と。

しかしながら、ここでもやはりケアすることはその価値を失わない。なぜなら、私たちは「みな誰かお母さんの子ども」だからである。

```
──ワーク 12－2──
「みな誰かお母さんの子ども」という言葉から、どのようなことが思い浮かぶで
しょうか。近くの人と自由に話してみましょう。


【話したこと】
................................................................
................................................................
................................................................
```

どういうことかと面食らった人もいるだろう。この言葉は哲学者のキティ（Kittay, E. V., 1946–）によるものである。一見すると、この言葉はケアを女性（母親）の仕事とみなす、ステレオタイプな性別役割分業観を引きずったもの

169

のようにも読めるため、その点に引っかかる人もいるかもしれない。だが、このように主張することによってキティが示そうとしたのは、私たちの誰もが「依存者」であること、つまり、私たちの誰もがケアを提供する者とのかかわりなしには存在することのできない「脆弱さ／傷つきやすさ（vulnerability）」と無縁ではありえないという事実であった。

生きる意味を知るプロセスとケア

キティはいう。「依存は例外的な状況にすぎないのではない。依存を例外とみる考え方は、人間相互のつながりが、生存のためだけでなく、文化の発展それ自体のためにも重要であるということを忘れている[1]」と。私たちの誰もが「弱さ」、「脆弱さ／傷つきやすさ」とともにあること、そして誰もがその「弱さ」、「脆弱さ／傷つきやすさ」を誰かにケアされてきたのだということ。言い換えるなら、それは1人ひとりの存在の根底に、あらかじめその人をケアする者との関係が、構造的に織り込まれているという事実と、そのことが有する意味に、あらためて注意を向け直すことなのである。

「弱さ」をケアする関係に送り出されて、私たちの存在はいまここにある。そのことを思うとき、ケアすることは、他人の責任や仕事を肩代わりする高邁な美徳を身につけることなどではなく、「私」にとっての生きる意味を知るプロセス（つまり、「生き方（way of being）」）とかかわる営みとして立ちあらわれてくる。

ケアすることが有する哲学的・人間学的意味を『ケアの本質——生きることの意味（On Caring）』（1971年）において、最初に世に問うたメイヤロフ（Mayeroff, M., 1925-）。心理学的アプローチによって「ケアの倫理（ethic of care）」にたどりついたギリガン（Gilligan, C., 1937-）。メイヤロフ、ギリガン、両者の立場をふまえたうえで、教育哲学の立場からケアする人（the one-caring）とケアされる人（the cared-for）との動的な関係の構造を論じたノディングス（Noddings, N., 1929-）。本章でこのあとに紹介する以上の人びとの考え方の根底には、「依存」というありようから私たちの存在と、それを取り巻く関係のありようをとらえ直そうとするキティの議論と共通の、人間の「弱さ」や人生のままならなさを、美化することなく直視する眼差しがある。

170

3．生き方としてのケアリング

メイヤロフによる定義

　前節でみてきたように、ケアすることに注目することの意味とは、私たちが誰しも例外なく「依存者」であることへの気づきを起点に、教育を含む、人間の生を支える営みを包括的にとらえ直す視点を獲得することにあった。本節では、ケアすることが有する哲学的・人間学的意味を、最初に世に問うたメイヤロフの議論を紹介しておきたい。

　メイヤロフは前出の著作の冒頭で、同書の主題を、①「ケアすることを一般的に記述すること」、②「ケアすることがどのようにして全人格的な意義をもつか、その人の人生にどのような秩序づけを行うかを説明すること」の二つであると述べている。言い換えるなら、①は「ケアすること」についての哲学的・人間学的アプローチによる分析であり、②は「ケアすること」が人生において果たす役割についての考察、ということになる。

　「一人の人格をケアするとは、最も深い意味で、その人が成長すること、自己実現することをたすけることである[2]」と、メイヤロフは述べている。「ケアすること」についての彼の定義は、この一言に尽くされているといってよい。メイヤロフがケアすることの具体的な対象として想定するのは、人格的存在（わが子、教え子、患者、パートナーなど）に限らず、無生物（観念や構想、作品など）をも含んだものである点に特徴があるが、すべてに共通するのは、ケアを提供する者による、ケアされるものの「成長」という要素だと彼はいう。ケアの対象が自分とは別の、独立した存在であることを認め、相手を支配したり所有したりする関係に陥らないよう、細心の注意を払いながらも、相手がそれ自身であることができるように、その欲求の実現や成長の後押しをすることが、メイヤロフのいう「**ケアすること**」である。

ケアの関係がもたらすもの

　また、メイヤロフによれば、「ケアすること」はケアの対象に恩恵をもたらすだけではなく、ケアを提供する者の人生に意味を与える営みでもある。その

ことを彼は「場のなかにいること（being-in-Place）」という独特の表現でいいあらわした。特定のケアの対象との関係を通じて、ケアを提供する者自身がその関係に対する帰属感を抱くようになり、結果として、その関係に根を下ろすことができるようになっていくこと。言い換えれば、ここでの「場のなかにいること」とは、ケアの対象だけではなく、ケアを提供する者自身が、それ自身であること、つまり、「自己の生の意味を生きる」こととつながっているのである。

　前節で指摘したように、私たちの存在の根底には、根源的な「弱さ」がある。その「弱さ」の上に生を築き上げていくことの不安定さを補ってくれるのは、ケアの関係がもたらす「場のなかにいること」であり、自己の生の意味を発見し創造していく「ケアすること」のプロセスなのである。メイヤロフの「ケアすること」は生きることそのものであり、生きる営みを支えるために不可欠の行為であるといえる。以上にみてきた彼の議論には、今日教育との関連で語られるケアの意義にかかわる本質的な要素がすべて含まれているといってよいだろう。

4.「もう一つの声」としてのケアリング

モラルジレンマに対する反応の違い

　こうした哲学的・人間学的アプローチとは異なる、心理学的アプローチによってケアすることの意味にたどりついたのがギリガンである。ギリガンの議論は、道徳性の発達段階に関するコールバーグ（Kohlberg, L., 1927-1987）の理論を検証することからはじまった。コールバーグによれば、人間の道徳性は3レベル6段階の発達段階に分類してとらえることができるという。彼はそれを検証するために、**モラルジレンマ**と呼ばれる道徳的な葛藤状況の描かれた設問を提示した。その代表例の一つ、「ハインツのジレンマ」について考えてみよう。

┌─**ワーク12-3**───────────
【ハインツのジレンマ】
ハインツの妻は病気で瀕死の状態にある。ハインツは医者から、ある薬で妻が

第 12 章　教育にケアは必要なの？

助かるかもしれないと聞かされた。そこで、ハインツはその薬を手に入れるため薬屋に行くが、値段が高くて買えない。なんとかならないかと交渉したが、薬屋は「私がこの薬を発明したんだ。それで金儲けをして何が悪い」と言って、応じてくれない。そこでその夜、ハインツは薬屋の倉庫に薬を盗みに入った。

・あなたは、ハインツのとった行為に賛成ですか、反対ですか？

・それはなぜですか？

　答えは出せただろうか。多少の葛藤はともないつつも、「窃盗は違法だから反対だ」「この場合、人命救助が優先なのは当然だから賛成だ」など、それほど時間をかけずに、すっきりとした答えを導き出すことのできた人もいるかもしれない。しかし、なかにはもっと細かい情報がほしいと思った人もいるのではないだろうか。「ここに書かれていることだけではなんともいえない」「登場人物や関係する人びとと直接会って話を聴き、そのときの彼らの表情や態度なども考慮に入れなければ、状況の全体像はつかめないし、判断は下せない」。そんなふうに感じた人もいるのではないか。

　以上のようなモラルジレンマに対する反応の違いは、コールバーグの理論に従えば、各人の道徳性の発達段階の違いを反映したものということになる。しかし、ここでそもそもコールバーグの評価基準はほんとうに普遍的なのだろうかと疑問を抱いたのが、同じく心理学者のギリガンであった。

　ギリガンはコールバーグの理論を検証する過程で、他の面では同等の能力をもつ 11 歳の男女を比較した際に、前出のハインツのジレンマに対する回答が大きく異なることに気がついた。男児の場合には、ジレンマを「生命と財産との二つの価値の対立ととらえ、つねに生命のほうがいっそう重要だから薬を盗むべき」と答えたのに対して、女児は明確な回答に収束しなかったというのである[3]。この違いについて、コールバーグ理論から導かれる結論は、女児よりも男児のほうが道徳性の発達段階が進んでいるというものである。だが、ギリガンは、それはそもそもコールバーグの理論が男性の発達に偏ってよく適合するものとして構築されていたからではないかと考えた。

173

ギリガンによる「ケアの論理」

　以上のことを彼女は、『もうひとつの声——男女の道徳観のちがいと女性のアイデンティティ (*In a Different Voice: Psychological Theory and Women's Development*)』(1982 年) において主張するとともに、コールバーグ理論を「正義の倫理」、自らの理論を「**ケアの倫理 (ethics of care)**」と名づけて両者を対置させた。そうすることで彼女は、「正義」や「公正」、「平等」といった普遍的な原理・原則にもとづく合理的判断や抽象的思考の適用能力を高く評価する発達の道筋とは別の、個別の事例の特殊性を考慮に入れることや、文脈に依存した状況をとらえる配慮や気づかいに価値をおく、「もう一つの (different)」発達の道筋の存在を示したのである。

　以上のようなギリガンの主張は、心理学だけではなく、道徳教育や政治哲学等の分野でもそれまであたりまえに採用されてきた「正義の倫理」の不備を鋭く突いたものとして高く評価された。この点にこそ、ケアすることをめぐる議論へのギリガンの最大の貢献が認められる。換言すれば、ギリガンの議論の価値は、近代の哲学や倫理理論の中で、ほとんど語られてこなかった「ケアすること」の意味を、正面から議論する場を開いたことにあったのである。

　しかし、同時に、彼女の議論は「ケアの倫理」を女性に特有のものとして提示するものであったことから、旧態依然としたステレオタイプの女性観を再生産するものととらえられ、フェミニズムの論者らを中心に厳しい批判を受けることにもなった。また加えて、「ケアの倫理」を「正義の倫理」と対立するものとして示したことで、結果として両者が統合不可能なものという印象を与えることにつながった面もある。こうした批判を受け止めながら、その後ギリガンの議論は、「ケアの倫理」を、「女性の声」としてではなく、文字通りの意味における「もう一つの声」として理解するものへと変化していった。

5. ケアリングと教育

ノディングスの『ケアリング』

　ギリガンの問題提起にはじまる「ケアの倫理」をめぐる議論は、心理学領域での議論にとどまらず、その後いわゆる「正義対ケア論争」として広く認知さ

第 12 章　教育にケアは必要なの？

れることとなった。両者は異なるモードとして、並列の関係にあるのか。それ
とも一方が他方を基礎づける関係にあるのか。たとえば、本章の冒頭で言及し
た哲学者のキティもまた、ギリガンの議論を発展的に継承し、「正義」と「ケ
ア」の調和を目指す論者の 1 人だが、この論争が複数の領域を巻き込んでの盛
り上がりをみせる最中、教育哲学の立場からもそれに応答する一つの著作が提
示された。ノディングスによる『ケアリング——倫理と道徳の教育　女性の観
点から（*Caring: A Feminine Approach To Ethics & Moral Education*）』（1984 年）で
ある。ノディングスは、同書において、先のメイヤロフによる哲学的・人間学
的ケア理解と、ギリガンをはじめとする「女性の観点」としてのケア理解の両
面をふまえたうえで、自らの議論を倫理的アプローチとして提示した。

　彼女のケアリング論の射程は広範にわたるが、村田美穂によれば、以下の四
つの側面——①個別援助の方法としてのケアリング、②（①を基礎とした）学
校教育論としてのケアリング、③社会政策の基盤としてのケアリング、④倫理
としてのケアリング——に整理できるという[4]。

　このうち①には、ケアを提供する人（ケアする人（the one-caring））とケア
の対象（ケアされる人（the cared-for））との関係を理論的に整理し記述する試
みが含まれる。彼女がケアリングの成立条件として、ケアを提供する人に求め
るのは「受容性」である。それは具体的には、ケア対象への「**専心（engrossment）**」
と「**動機づけの転移（motivational displacement）**」と表現される。前者は、心
を砕くこと、つまり、ケアの提供者がケアの対象へと十全な注意を向けている、
完全なる受容状態を意味し、後者は、その行為をケア提供者が自分自身のため
にではなく、ケア対象の目的や課題を助け、そのニーズを満たすために行為す
る状態をあらわしている。

　彼女がこの二つの要素をケアリングの成立条件として提示する背景には、
ブーバー（Buber, M., 1878-1965）の「我－汝」関係に代表される、かかわる相
手をモノとみなすような関係（ブーバーの術語でいえば「我－それ」関係）と
は異なる、根源的で人格的な関係についての理論がある。そのことは、ノディ
ングスが特定のケア対象に対するケアリング（caring for）と、一般的な気づか
いや関心（caring about）とを区別していることからも明らかである。加えて、
この関係は、永続的に固定されたものではなく、ケアする人とされる人とが入

175

れ替わるような、相互性を含んだ関係であるとも述べられている。

　前出のメイヤロフの議論では、ケアすることにともなう、ケアを提供する者自身の自己実現が中心的主題の一つとして論じられていたために、その主張を表面的に理解すれば、ケアを必要とする人の存在やそのニーズを差し置いて、ケアを提供する人のためにケアがなされるかのような印象や、双方の役割の固定化を前提としているかのような印象を抱かせる懸念があった。ノディングスの議論においては、この点に対する克服が試みられているといえるだろう。

　また、タイトルにある「女性の観点」との表現からは、その立場が先のギリガンの立場を発展させたものであることがみてとれる。加えて、「正義対ケア論争」の文脈でいえば、ノディングスはギリガンの立場を一歩踏み出して、「ケアの倫理」こそがすべての基盤であるとの主張を展開している。

　以上にみられる『ケアリング』の議論は、その後、『学校におけるケアの挑戦――もう一つの教育を求めて（The Challenge to Care in Schools: An Alternative Approach to Education）』（1992 年）、『家庭からはじめる（Starting at Home: Caring and Social Policy）』（2002 年）などへと引き継がれ、ケアリング理論にもとづいた、学校教育改革や社会政策に対する具体的な提言を含む議論へと深化をみせている。

6．ケアリングに根ざした学校教育プログラム

　それでは、『学校におけるケアの挑戦』では、ケアリングの観点から学校教育がどのようにとらえ直されているのだろうか。同書においてノディングスは、「伝統的な学校の組織は、現代社会には知的にも道徳的にも不適切である[5]」との診断を下すとともに、「教育は、伝統的な学問分野（discipline）に基づいてではなく、ケアのテーマに基づいて組織されるべきだ[6]」と主張した。そのうえで、ノディングスが「私たちがすべきこと」として、提示するプログラムは以下のとおりである。少し長くなるが、ケアリングに根ざした教育方法についての具体的記述に富むことから、全文を紹介したい。

　　1　教育目的に関して明確であり、弁解じみた態度をとらないこと。教育

第12章　教育にケアは必要なの？

の主目的は、有能で、ケアし、愛し愛される人を輩出すること、とすべきである。

2　居場所に関するニーズを満たすこと。

（ア）数年の間、（相互の合意により）生徒と教師を一緒にすること。

（イ）できる範囲で、生徒を一緒にすること。

（ウ）かなりの期間、生徒を同じ校舎にいるようにすること。

（エ）生徒が、学校を自分たちのものだと考えるように導くこと。

（オ）ケアと信頼に基づく関係を築くために費やす時間を正当化すること。

3　管理しようとする衝動を緩めること。

（ア）教師と生徒が、判断力を実際に行使する責任をより多く与えること。

（イ）競争に基づく成績のつけ方をやめること。

（ウ）試験の数を減らし、巧みに立案された数回の試験を使い、自分が取り組みたいと思った課題をよくこなせるかを評価すること。

（エ）教師に生徒と一緒に探求することを奨励すること。巧みに教えるためには、私たちがあらゆることを知っている必要はない。

（オ）専門性をより広義に道具的に定義すること。例えば、生物の教師は、生物に関係するあらゆる数学を教えられなければならないというように。

（カ）自己評価を奨励すること。

（キ）生徒を、自らの授業と学校の運営統治に関与させること。

（ク）生徒が学びたいことを巧みに教えることで、ケアへの挑戦を受け容れること。

4　プログラムの階層をなくすこと。これには時間がかかるが、私たちは今こそすべての子どもたちに優れたプログラムを提供し始めなければならない。大学に行かない生徒のためのプログラムも、大学へ行く生徒のプログラムと同様に、内容が濃く、好ましく、厳格なものであるべきである。

（ア）画一的な大学入試資格を廃止すること。ある生徒がしたいこと、

177

学びたいことが、その準備として入学資格を規定するべきである。

（イ）すべての生徒に、すべての生徒が必要とするものを与えること。つまり、人間の人生に最も重要な問題を探究する真の機会を与えること。

5　一日の少なくとも一部を、ケアのテーマに基づくものとすること。

（ア）精神的な事柄を含む、実存的な問いを自由に討議すること。

（イ）生徒が道徳に基づいて互いに接し合えるように導くこと。ケアすることを実践する機会を与えること。

（ウ）生徒が、団体や個人の集団が、いかにライバルや敵を作るかを理解するように導くこと。そして、「両方の側につく」方法を学ぶ手助けをすること。

（エ）人間へのケアと同様に、動物、植物、環境へのケアの仕方を奨励すること。生徒が、技術界、自然界、文化世界に精通できるように導くこと。人口の世界への驚嘆と感謝の気持ちを育てること。

（カ）生徒を引きつける思想を深くケアするように手助けすること。

6　生徒に、あらゆる分野におけるケアリングは能力を含意していること、を教えること。ケアするとき私たちは、そのケアの受け手（人、動物、物、あるいは観念）が向上するように、自らの能力を持続的に働かせる責任を引き受けるのである。ケアリングとは、何ら弱々しいものではない。それは力強くて弾力性のある人間生活の骨格をなすものである[7]。

ここで以下のワークに取り組んでみよう。

ワーク12-4

ノディングスの提案する上記のプログラムについて、自分の受けた学校教育のなかで実現されていた点とそうではない点をチェックしてみましょう。

・実現されていたのは……

・実現されていなかったのは……

第 12 章　教育にケアは必要なの？

　いわれてみれば、ごくあたりまえのことのように思われる項目が多かったか
もしれない。しかし、にもかかわらず、おそらく実現されていなかった点は
けっして少なくないのではないだろうか。じつは、この「ごくあたりまえだけ
れど難しいこと」という特徴こそが、ケアリングにもとづく教育の核心をいい
あらわす的確な表現なのである。

　また、本書のテーマは「教育の方法と技術」だが、ノディングスのケアリン
グ理論は、きわめて現実的な場面を想定した論でありながら、その現実性はハ
ウツーとしての方法や技術に還元されるものではないということも読み取るこ
とができたのではないだろうか。Aという事象に対しては a という対応をする
ことがケアリングだというような仕方で、形式化（公式化）することができな
いものを、彼女はケアリングと呼んでいる。それは単なる手順や行動の組み合
わせに還元されるものではなくて、あくまでも、特定の誰か／何かに生じた一
回きりの出来事へのそのつどの応答に重心をおくものなのである。

　さらに別の観点からいえば、この「私たちがすべきこと」の一覧は、文科省
が提示する「教員に求められる資質能力」の一覧や、OECD が提示する
「キー・コンピテンシー」の一覧とも異なる特徴をもつことにも、気がついた
だろうか。もちろん、後者二つにおいても、ケアリングに類する項目は一部含
まれている（たとえば、キー・コンピテンシーに含まれる「多様な集団におけ
る人間関係形成能力」の内容など）。しかし、ノディングスの提案は、ケアリ
ングを複数ある重要な項目の内の一つとして位置づけることにとどまるもので
はなく、むしろケアリングこそが教育の前提であり基盤なのだと主張するもの
であるという点で、他の二つとは明確に異なっている。

　「私たちがすべきこと」の一覧から最も強いメッセージとして受け取れるの
は、学校教育の主たる目的がケアリング——つまり、子どもたちをケアし、ま
た子どもたちにケアをすることとはいかなることかを教えること——であると
の主張と、ケアリングを基本（core value）に据えることからスタートするとい
う明確な姿勢である。言い方を変えれば、ノディングスの提案にもとづいて教
育をよりよい営みにしようと考えるなら、まずはケアリングを、することもし
ないこともできる選択肢の一つとしてとらえる見方を変える必要があるという
ことである。前述のとおり、それはハウツーでないのはもちろんのこと、教育

179

場面においてだけ、特別に必要とされる方法や技術でもない。ケアすることは教育を支えるありようの問題であり、もっといえば、生き方の問題なのだ。だからこそ、それは「ごくあたりまえだけれど難しいこと」なのである。したがって、その視点に立つことは、教師としての自分の姿勢を問い直すことだけではなく、1人の人間として、あらゆる人やものとの関係を問い直すことへとつながっていく。

　さらにいえば、ケアリングは関係である。それはケアする人の「すべきこと」の一覧（つまり、To Do リスト）に還元されるものではなくて、ケアされる人との関係を指し示しているという点が肝心である。ノディングスはこの「関係を見る」という点を繰り返し強調している。ケアリングはケアを必要とする人への気づきを抜きには成り立たない。その気づきとそれに引き続く「専心」や「動機づけの転移」などを含め、私とは異なる他者との一連の応答関係の積み重ね全体が、ケアリングという関係を創るのである。その意味では、メイヤロフと同じく、ノディングスにとってもまた、ケアすることは生きる営みの次元においてとらえられているとみることができるだろう。

　以上をふまえたうえで、以下のワークに取り組んでみよう。

━━ワーク 12-5━━

ワーク 12-4 で「実現されていなかった点」として挙げた項目のなかから数点選び、それを実現するために、教師としてあなたならどのような取り組みができそうか、具体的に考えてみましょう。

・選択した項目：

・具体的な取り組み例：

　どんな取り組みが考えられただろうか。もちろん、ノディングスの提案を全面的に支持することは難しい面もある。たとえば、「専心」「動機づけの転移」という言葉でいいあらわされるケア提供者の意識状態は、はたしてほんとうに他者へと向かうものとなっているのかという点については、疑問が残るとの指

摘もある[8]。ノディングスは先のメイヤロフの議論のはらむ問題として、ケアされるものの側に立つ視点の希薄さを指摘するが、はからずも、この点に関してはノディングスのほうが繊細さを欠いているようにみえるとの指摘もあるということである。具体的にいえば、ケアする人はどのようにしてケアされる人のニーズを読み取るのか。それはケア提供者のニーズの投影（あるいは、自己への他者の同化）とどのように峻別されるのか。ケアリングのかたわらにつねに影のようにつきまとう、パターナリズムの問題、支配－被支配関係への変質のリスクをどう考えるのか。こうした疑問について、彼女の議論のなかで十分に整合的な説明が可能だといえるかどうかについては、議論の余地があるようにも思える。

　ともあれ、こうした批判をふまえてもなお、ケアリングの観点から学校教育を改革するという彼女の試みが、現代の教育を考えるうえで示唆に富むものであることに違いはない。もしかすると、上記のきわめて具体的な提案を前にしても、現場に直ちに導入できる即効性のあるハウツーを求める立場からは不満が残るのかもしれないが、そもそも「ケアリングには決まった手順がない」し、それは「関係にある状態であって、特定の行動の組み合わせではない[9]」のだということを忘れてはならない。本章で繰り返し述べてきたように、ケアすることは、生きる営みそのものである。そのことに、いまここで私たちは再び立ち返らなければならない。教育をケアの視点からとらえ直すことは、生きることから切り離された教育の営みに、いのちを恢復する実践なのである。

注
（1）　エヴァ・フェダー・キティ（岡野八代・牟田和恵訳）『愛の労働あるいは依存
　　　とケアの正義論』白澤社、2010年、82頁。
（2）　ミルトン・メイヤロフ（田村真・向野宣之訳）『ケアの本質——生きることの
　　　意味』ゆみる出版、1987年、13頁。
（3）　品川哲彦『正義と境を接するもの——責任という原理とケアの倫理』ナカニシ
　　　ヤ出版、2007年、141頁。
（4）　中野啓明・伊藤博美・立山善康編『ケアリングの現在——倫理・教育・看護・
　　　福祉の境界を越えて』晃洋書房、2016年、101頁。
（5）　ネル・ノディングス（佐藤学監訳）『学校におけるケアの挑戦——もう一つの

教育を求めて』、2002 年、309 頁。

（6）　同上、310 頁。

（7）　同上、310-313 頁。

（8）　品川、前掲書、175-176 頁。

（9）　ノディングス、前掲書、2002 年、46 頁。

【読書案内】

①ネル・ノディングス（立山善康・林泰成・清水重樹・宮崎宏志・新茂之訳）『ケアリング』晃洋書房、1997 年。

　教育学の領域におけるケアリング研究の先駆者であるノディングスの主著。ケアすることと教育との不可分の関係を考えるうえで必読の一書である。

②中野啓明・伊藤博美・立山善康 編『ケアリングの現在——倫理・教育・看護・福祉の境界を越えて』晃洋書房、2006 年。

　ケアリング論の展開について、1970 年代の登場から 2000 年代にいたるまでの動向が、倫理、教育、看護、福祉の他領域にまたがって網羅されている。入門的著作として一読されたい。

③西平直・中川吉晴 編著『ケアの根源を求めて』晃洋書房、2017 年。

　「これは「ケア」の本です。ケアについて考えてゆくうちに、ケアとはどういうことなのかわからなくなってしまった仲間が集まって作った本です」との書き出しに始まる本書は、ケアすることの意味を発見し創造するプロセスの記録とも読める。執筆者相互の応答コメントによる議論の深化にも引きつけられる。

参考文献

ミルトン・メイヤロフ（田村真・向野宣之訳）『ケアの本質——生きることの意味』ゆみる出版、1987 年。

中野啓明・伊藤博美・立山善康 編著『ケアリングの現在——倫理・教育・看護・福祉の境界を越えて』晃洋書房、2006 年。

品川哲彦『正義と境を接するもの——責任という原理とケアの倫理』ナカニシヤ出版、2007 年。

ネル・ノディングス（佐藤学監訳）『学校におけるケアの挑戦——もう一つの教育を求めて』ゆみる出版、2007 年。

エヴァ・フェダー・キティ（岡野八代・牟田和恵訳）『愛の労働あるいは依存とケアの正義論』白澤社、2010 年。

（池田華子）

第13章
学校に教科書やテストがあるのはあたりまえ？
多様な学びにおける教育方法

1．多様な学びの姿

　読者のみなさんは「テスト」が存在しない学校を想像できるだろうか。空想の世界の話ではない。現に世界中に存在し、注目を集めている。これは一例にすぎないが、学校にとってテストの存在はけっしてあたりまえではないのだ。テストだけではない。なかには、時間割、教科書、黒板がない学校さえある。「普通の学校」にとってあたりまえの諸要素。それらが存在しない学校は、いったいどのような姿をしているのだろうか。本章では「普通」とは異なるさまざまな教育方法（多様な学び）の姿に触れることを通じて教育のあり方そのものを根本から問い直す作業を試みたい。「多様な学び」と一口にいっても、その種類は多く特徴もさまざまである。紙幅の都合上、世界中に存在している「多様な学び」のすべてを網羅的に紹介することはできないので、本章ではとりわけ、シュタイナー教育[1]とサドベリー教育の実践についてみていくことにする[2]。

2．シュタイナー教育とは──芸術としての教育

　まずは、次の写真をみてほしい。黒板に色とりどりのチョークでさまざまな図柄が描かれている。この写真は、ある学校の算数の時間の黒板を撮影したものである。ここで一度立ち止まって考えてみよう。黒板に描き出されているものはいったい何なのであろうか。よく見てみると、黒板には九つの円が描き出されている。そしてそれぞれの円の中心には1から9までの数字が記され、円の外周には0から9までの目盛がついている。何が描かれているのか、答えを

183

図13-1　シュタイナー学校における九九の学び

示そう。黒板には九九の世界がヴィジュアル化されて描かれている。たとえば4の段。4×0＝0、4×1＝4、4×2＝8……と1の位を目盛上に取っていくと、綺麗な星形が浮かび上がってくる。

　算数が単に抽象的な概念によってとらえられるのではなく、直観的・芸術的に子どもたちのうちに刻み込まれる。その方針は算数に限ったことではない。この学校で子どもたちは、芸術を通じてあらゆる教科を体験する。すべての教科のなかに詩、音楽、絵などの芸術が溶け込んでいるのである。

　この学校は、名をシュタイナー学校という。創始者の名はルドルフ・シュタイナー（Steiner, R., 1861-1925）。1919年、ドイツのシュトゥットガルトに最初のシュタイナー学校（自由ヴァルドルフ学校）が設立され、2019年には創立100周年を迎えた。シュタイナー学校は、現在、全世界におよそ1100校あるといわれているのだが、普及の仕方もきわめて広範で、ヨーロッパを中心として、北アメリカ、中近東、アジア、アフリカ、中南米、オーストラリアなど世界60数ヵ国に設立されている。では、シュタイナー学校はどのような特徴をもっているのだろうか。図13-2をみてほしい。これは**愛知シュタイナー学園**の6年生の時間割である。月曜から金曜の午前の時間帯に設定されている「**エポック授業**」は特徴的である。エポック授業とは午前中の時間帯で約100分間、主要科目（国、数、理、社）のうち同じ一つの科目を3〜4週間学び続ける授

第13章　学校に教科書やテストがあるのはあたりまえ？

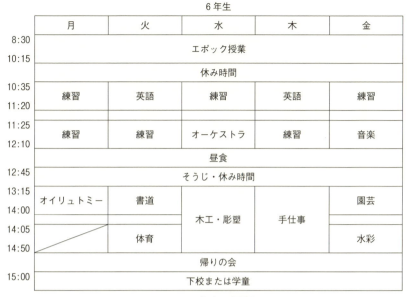

図13-2　6年生の時間割

業形式である（英語や体育などは、週に何回か少しずつ学んでゆく[3]）。その期間は、他の主要科目を学ぶ時間はないということになる。このカリキュラムだと、たとえば社会のエポック授業が終わったあと、次にまた社会がまわってくるのは数ヵ月後ということになる。「せっかく学んだ内容も、数ヵ月ものあいだ時間が空いてしまえば、次回の授業までにすっかり内容を忘れてしまうのではないか」という疑問が即座に沸き起こってくる。だが、シュタイナー教育では「忘れる」ことをネガティブにとらえてはいない。一定期間時間をおくことは、シュタイナー教育では熟成期間ととらえられているのである。そうした期間を経て、子どもたちはあらためてその教科と出会い直す。この繰り返しによってエポック授業は展開してゆくのである。「忘れること」までも含めて教育が設計されているため、シュタイナー学校にはペーパーテストというものが存在しない。学びの目的は、物事を深くじっくりと学び、知識をほんとうに自分のものにすることである。「忘れること」が大切にされているシュタイナー教育ではその必然的な帰結としてテストが存在しないのである。また、エポック授業では指定された教科書がなく、エポックノート（エポック授業で使用さ

185

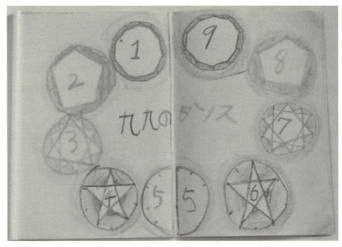

図 13-3　エポックノート

れるノート）が教科書代わりとなる。つまり、学習内容をノートに書き込むなかで、子どもたちが自らの手で教科書をつくりあげてゆくのである。教科書の内容を教科書に沿って教えるのではなく、シュタイナーの発達理論にもとづいて、発達段階に応じた学びが展開されているのである。図 13-3 は本章冒頭で紹介した九九の内容を写した算数のエポックノートである。各教科の学びにおいて、子どもたちは教師によって描かれた「黒板絵」をノートに描き写す。図 13-4 はその例である。担任は、黒板絵を通して学びの内容を豊かなイメージを通して子どもたちに伝えるのである。ここで立ち止まってみよう。「教科書を用いない」、「テストがない」、「忘れることが重要」といったシュタイナー教育の特徴をめぐり、みなさんはどのように考えるだろうか。メリットとデメリット、両方の観点から考えを書いてほしい。

---ワーク13-1---
シュタイナー教育独自の方法のメリットとデメリットは何でしょうか？　考えてみましょう。
....
....
....

第 13 章　学校に教科書やテストがあるのはあたりまえ？

図 13-4　黒板絵

エポック授業を支える 8 年間一貫担任制

　さて、エポック授業を支えているのが 8 年間一貫担任制である。シュタイナー学校は 12 年間一貫教育を行っており、1 年生から 8 年生が初等・中等部、9 年生から 12 年生までが高等部としてくくられる。12 年間のうち 1 年生から 8 年生までのあいだは原則として担任が変わることがなく、クラス替えのない状態で子どもたちは学びを深めてゆく。8 年間という期間はかなり長いようにも感じられるが、このシステムはエポック授業の特質を考えるならば必要なシステムなのである。シュタイナー教育では学びの射程がきわめて長い。エポック授業は 3、4 週間にわたって一つの教科を掘り下げ、その後、熟成期間が必要となる。そのペースでの学びにおいて、担任が毎年変わっていては、学びの継続性を保持することができない。8 年間じっくり子どもたちと時間をともにできるからこそ、たとえば 2 年前の学習内容をクラス全員で共有したり、高学年での学びを見据えて、低学年の段階で学びの布石を打っておくことも可能となる。シュタイナー教育におけるこうしたシステムにおいては、教師の側にもかなりの力量が求められる。担任自身が子どもの成長とともに、自らも変化していかざるをえない。低学年の児童に接するような仕方で、8 年生まで子どもたちとかかわることはできないからだ。教師にも絶えざる成長が必要となるの

図13-5 家づくりの様子

だ。8年間一貫担任制をめぐり、読者のなかには、8年ものあいだ、1人の教師のもと、同じクラスメイトとともに過ごすことで、人間関係が限定され、子どもたちの世界が狭まってしまうことを危惧した方もいるのではないか。だが、むしろ、そうした環境においては人間関係構築力が育まれるともいえる。もし1年ごとに担当クラスが変わるならば、気があわない先生やクラスメイトがいた場合、なんとかやり過ごすこともできるだろう。だが、8年間という時間は、教師にも子どもにも「やり過ごす」という選択肢を与えてくれない。ゆえに、どうすれば多様な価値観を受け入れつつ、皆と関係を築いてゆけるかを教師も子どもも否応なく考えていかなければならない。さらに、この学校ではあらゆる場面で総合的な学びが展開している。

図13-6 米づくりの様子

4年生では、日本の風土にあった「**家づくり**」を行うのであるが、そこではクラス全員が入ることのできる家を全員で協力してつくることが課題となる。「家づくり」という一つの課題に取り組むためにはじつにさまざまな知を集約する必要がある。

また、シュタイナー教育では、子どもたちが物事を単に知的に理解するのではなく、身体全体で学ぶことが目指されて

188

第13章　学校に教科書やテストがあるのはあたりまえ？

いる。たとえば、3年生では「米づくり」が一つの大きな課題となっているのだが、1年を通じての米づくりは、日本の風土・生活と季節の変化を肌で感じ、手足の活動を通して身体性を培い、同時に社会性を身につけていく学びとなっている。児童は地域の田んぼで1年ものあいだ、地域の人びとと密接にかかわり、地域の人びととのかかわりのなかで学びを展開してゆく。

　さて、先に示した時間割をみていて、見慣れない科目が目につくだろう。たとえば**オイリュトミー**。オイリュトミーとは、シュタイナーが創造した運動芸術（言葉、動き、音楽が一体となった総合芸術）である。また、「**手の仕事**」は1年生からはじまる科目で、編み物、人形づくり、刺繍など子どもたちが発達段階にあわせてさまざまな課題に取り組む。また、時間割中の「練習」の時間について、愛知シュタイナー学園の6年生は「練習」の時間にさまざまな学びを展開している。この時間は、漢字の練習や算数の計算問題の実施といったものから幾何の作図、地理のエポックでの地図作成、理科実験における表や図の作成など、エポックの内容にあわせて自由に使うことのできる時間となっている。

　紙幅の都合上、シュタイナー教育独自の科目について、一つひとつ詳細に言及することはできないが、シュタイナー学校ではこの学校独自の科目が複数設定されているのである。

　以上のようなシュタイナー教育の特徴をふまえて、「普通の」学校教育において活かせる点はあるだろうか。もちろん、シュタイナー教育のあり方をそのまま活用することは難しいかもしれないが、そのエッセンスを公教育に取り入れようという動きが現実に存在している（沖縄シュタイナー教育実践研究会など）。シュタイナー教育のどのような考え方を取り入れることが可能かアイディアを出してみよう。

ワーク13−2

一般的な教育において活かせる考え方はあるでしょうか？　考えてみましょう。

3．サドベリー・スクール（Sudbury School）について

　次にサドベリー教育についてみていくことにしよう。1968年にアメリカのボストンに創設されたサドベリー・バレー・スクール。その教育理念に共感し、同様の理念のもとで運営している学校がサドベリー・スクールと呼ばれる。現在、オランダ、ベルギー、ドイツなど、世界中に約50校あり、日本にも10校存在している。この教育は、実践のすみずみまで「自由」の精神に貫かれている。「自由」と一口にいっても、そのイメージは人それぞれ、さまざまであろう。ここでいったん立ち止まり、「自由な学校」と聞いてどのようなイメージをもつか、過去の経験などをもとに書き記してみてほしい。

　次に、現実に存在していなくてもかまわないので、どのような学校ならば、「自由な学校」といえるか、その理想的な姿を空想して以下に記してみよう。

┌──ワーク13-3───

「自由な学校」の理想的なイメージはどのようなものか、考えてみましょう。

....

....

....

　どのようなイメージを思い浮かべただろうか。「自由な学校」という言葉から想起されるイメージは人それぞれ異なるであろうが、本節では、その一つの徹底した姿をサドベリー教育のうちにみていくことにしたい。

　ここでは以下、2009年に開校した**東京サドベリースクール**を例にサドベリー教育の実践を紹介していく。東京サドベリースクールは、5歳～18歳まで在籍が可能で男女比は半々（2019年時点）。学校は月曜日から金曜日までの週5日。クラスや学年分けは存在せず、年齢の異なる生徒たちが学校空間のなかで一日を過ごす。まずは学校の一日の流れを確認しておく[4]。

　　10:00～11:00　　登校時間

　　11:15　　　　　　朝ミーティング（自由参加）

第13章　学校に教科書やテストがあるのはあたりまえ？

15：00	掃除の準備
15：05～15：20	掃除（学校のルール上　全員参加）
15：20	夕方ミーティング（自由参加）
16：00	完全下校

　このスケジュールをみてどのような印象をもっただろうか。登校時間に注目してみよう。登校時間は10時から11時。つまり、11時までに学校に来ればよい。一般的な学校の登校時間が8時から8時半くらいだとすると、ずいぶんゆとりのある設定だと感じる読者もいるかもしれない。重要なのは、生徒とスタッフで登校時間を決めたという点である。一日のスケジュール中の「掃除」の欄には「学校のルール上　全員参加」と記されており、「朝ミーティング」と「夕方ミーティング」は「自由参加」となっているが、そのルールも同様に生徒とスタッフによって定められた[5]。

話し合いを通じた学校運営

　サドベリー・スクールでは、すべての事柄が生徒とスタッフの話し合いによって決定される。この学校にはいわゆる「先生」が存在しない。かわりに「スタッフ」と呼ばれる大人が生徒たちのサポート役を担う。ミーティングを通じて何らかの意思決定を行う際、生徒とスタッフはともに1人1票を保持している。「大人の意見に従わねばならない」といった暗黙のルールは存在しない。生徒は大人（スタッフ）と対等な立場で、日常のルールづくりから、学校運営の決議、スタッフ選考など、すべてのミーティングに参加し、1票の権利を行使する。ミーティングには、さまざまな種類が存在しており、毎日のミーティング、週1回のスクールミーティング、年2回の学校総会などがある。また、ミーティングには全員参加のものと自由参加のものがある。話し合いによって決定される事柄は、学校をめぐるあらゆる範囲を覆う。たとえば、年間の登校日、夏休みの有無なども生徒たちと話し合って決める。話し合いの結果、春休みが設けられなくなった。基本的に生徒は学校に来ることを望んでいるので、休みは少ないほうがいいと考え、そのような決定にいたったそうだ。

　スタッフの雇用や給料までもが話し合いを通じて決められる。新しいスタッ

191

図13-7　話し合いの様子

フを採用する際も「このコミュニティにとって必要な人かどうか」を皆で話し合って決める。また、裏を返せば、コミュニティにとって不用だと皆で判断すれば、スタッフを辞めさせることもできてしまう。

　さらに、卒業のタイミングも自分たちで決める。本人と他の生徒やスタッフとの話し合いを通じて、時期が決定される。学校の理念も例外ではない。「あるがままの自分を信頼し選択することで自分の人生を生きる」「自由と社会性の調和」という東京サドベリースクールの理念も開講当初、生徒たちとスタッフが話し合って決めた。その徹底ぶりには驚かされる。議論に際しては、多数決ですべてが決まるわけではない。徹底的に話し合いを重ね、スクールの運営に関する重要な議題に関しては、保護者もミーティングに参加することもあるのだという。ここで注目すべきは、サドベリー・スクールのルールは、変えることができるという点だ。近年、学校教育をめぐっては「ブラック校則」などといった言葉も登場し、ある種の校則の理不尽さが指摘され、議論が巻き起こっている[6]。しかしながら、そこに不合理さが含まれていたとしても、「校則」は変えられるもの、場合によっては変えるべきものであるという発想をもった読者は、そう多くはないのではないか。この学校では、「校則」は揺らぐことのない固定化された命令ではない。そのルールがコミュニティにとって不要だと感じるならば、議論の俎上に乗せて、みなで話し合い、必要に応じてルールを変えてゆくことができる。ルールは人と人が気持ちよく生きていくた

めに必要なものであり、不当に人間を縛り付けるものとはみなされていないのである。ルールはあくまでも現時点で有効な暫定的な規定にすぎない。変わりゆく状況にマッチしなければ変更は可能である。ただし、皆で決めたルールには責任をもって従わねばならない。定められたルールはルールブックに記され、いつでも閲覧すること

図13-8 東京サドベリースクール

ができる。また、これは当然の帰結であるが、全世界に存在しているサドベリー・スクールごとに、それぞれ学校のルールは異なっている。サドベリー・スクールは、スタッフと生徒たち自身の手でつくってゆくコミュニティであり、それは社会の縮図（ミニチュア）である。そうした状況下において、生徒たちは主体的・対話的に学校生活にかかわってゆかざるをえないのである。生徒同士のそのような関係性を支えているのが、サドベリー・スクールの空間である。図13-8をみてほしい。サドベリー・スクールの建物をみて驚かされるのは、それがいわゆる「学校」的ではないという点である。見た目は家のようにみえる。家庭的な雰囲気のなかで互いを尊重するセンスが磨かれてゆくのである。

「自由」な学び──一日中好きなことを好きなだけしてもよい

　東京サドベリースクールの一日の流れに話を戻そう。「掃除」、「ミーティング」以外の時間を生徒たちはどのように過ごしているのだろうか。結論を述べるならば、生徒たちはスクールのルールと法律さえ守っていれば、一日中何をしてもよい。時間割もカリキュラムもない。テストも内申書もない。生徒たちは自分が必要だと思うことをする。好きなことをひたすらやることができる。生徒たちは自ら興味のあることを探して学び、スタッフは求められたときにサポートを行う。サドベリー教育の前提にあるのは「すべての人は、生まれながらにして好奇心をもっている」という考えである。スタッフはその好奇心を「伸ばす」というよりは、「邪魔をしない」というイメージに近い。

図13-9　調べ物をする生徒たち　　　図13-10　読書する生徒

　ここで重要なのは、本人がやりたいと思うことに価値的な序列がないという点である。「数学をやりたいという思い」と「ゲームをしたいという思い」は対等である。前者のほうが後者よりも優れているという考えはいっさい入り込まない。ゆえにスタッフのかかわり方はきわめて独特である。生徒のコントロールに陥ってしまう危険性のあるかかわりは慎む。「もっとこうしたほうがいいよ」「別のことをやってみたら」などと口出しはしない。求められたときに応答するというのが基本スタンスである。サドベリー・スクールは、大人がさせたいことではなく、子どもがしたいことを尊重する学校なのである。

　また、この学校では「自分に向きあう」ということが大切にされている。徹底的に自分の気持ちに向きあう。これはけっして楽なことではない。だが、生徒たちは、絶えず自分自身と向きあい、自らの内なる声に耳を傾けながら、学校生活を過ごしているのである。さらに、この学校には、アドバイザーという制度が存在している。アドバイザーには、専門的な知識やスキルを有したさまざまな人物が登録されており、生徒たちの活動や学校運営にかかわっている。生徒たちは彼らのニーズに応じて、その分野に詳しいアドバイザーから知識やスキルを享受することができる。また、生徒がリストに登録されていない専門家を自ら探し出してアドバイスを受けられるようにお願いすることもあるのだという。

　以上のようなサドベリー・スクールのあり方をめぐり、何を感じ、考えただろうか。思いつく限り書き出してみてほしい。また、「普通の」学校教育のなかで応用できそうな点があれば、あわせて書き出してみてほしい。

第 13 章　学校に教科書やテストがあるのはあたりまえ？

---ワーク 13-4---
サドベリー・スクールについて感じたこと、考えたことを書き出してみましょう。
....
....
....

　どのような意見を書いただろうか。たとえば、次のような疑問を抱いた読者がいるのではないだろうか。「すべての事柄が話し合いを通じて決定されるということだが、たとえば5歳の子と18歳の子が議論を行ったとして、議論がかみあうのだろうか」。「複雑な議案を検討する際に、低学年の子どもはその議論に参加することができるのか」など。実際のところ、高学年の子どもが低学年の子どもでも理解できるように噛み砕いて説明するよう努力している場面が多く見受けられるという。年長者がわかりやすく年少者に説明し、スタッフも心を砕いて説明する。一部の人間の利益を目指すのではなく、それが全体のためになっているかを絶えず皆で確認する。異年齢の他者とともに過ごすことで、相手の立場に立った他者とのかかわりのセンスが磨かれ、社会性が育まれるというのである。「自由」と自分勝手、自由奔放とは違う。この学校は自分の自由と相手の自由を大切にする学校なのであり、互いの自由を尊重しあうことが目指されている。また、こんな疑問も出てくるかもしれない。「たとえば、もし生徒たちが自分たちで掃除をしたくないと言い出して、スタッフに掃除をさせようと言い出した場合、それが通ってしまうのか」と。結論からいえば、その可能性ももちろんありうるということになる。スタッフには生徒同様、同じ1票しか与えられていないのだから、生徒たちが組織票を入れてしまえば、スタッフはその決定に従うしかない。ただし、その決定にいたるまでには、納得がいくまで議論が重ねられる必要がある。

　さらに「正式なカリキュラムがないのだから、読み書き算など基本的なリテラシーが身につかないのではないか」といった疑問を抱く読者もいるかもしれない。だが、

195

サドベリー教育においては、通常の学校教育とは発想の順序が逆である。「子どもたちにとって必要だと大人が先回りして考えた内容を覚えこませる」のではなく、本人がやりたいと思った時点、あるいは必要だと思った時点で学ぶ。「意思」が大きなモチベーションとなるというのだ。サドベリー教育では、「必要だと思って学ぶときのほうが、必要性もわからずに学ぶよりもよっぽど効率的に学ぶことができる」、「個人差はあるものの、生活の中で必要な能力は自然に自分で身につけてゆくことができる」と考えられている。

4．教育の再考

　さて、東京サドベリースクールに通っているある生徒は、「教室に黒板があること自体が珍しい」とつぶやいていた。彼女にとっては黒板があること自体が興味深いようである。多くの読者にとってなじみ深いであろう「教室に黒板のある光景」は少し見方を変えてみると、学校の一つのバリエーションにすぎない。多様な学びの姿を知ることは、われわれが教育そのものを問い直す契機を与えてくれる。教育改革が進められ、教育の転換期を迎える現代において、多様な教育観に触れ、新たな教育の可能性を探ってゆくことはきわめて重要なことのように思われる。社会状況の変化とともに、柔軟な発想のもとで教育方法をとらえてゆく力がよりいっそう求められる時代が訪れるからだ。本章での学びをふまえ、シュタイナー教育、サドベリー教育以外のさまざまな教育のありようについても調べてみよう。

謝辞：本章の執筆にあたっては、横地優代氏をはじめとする愛知シュタイナー学園の先生方、東京サドベリースクールの杉山まさる氏、加藤あや香氏に多大なるご協力をいただいた。この場を借りて心よりお礼申し上げたい。

注
（1）　なお、本章で紹介したシュタイナー教育に関する記述は、井藤元編『ワークで学ぶ教育学』ナカニシヤ出版、2015 年の第 4 章および尾崎博美・井藤元編『ワークで学ぶ教育課程論』ナカニシヤ出版、2018 年の第 14 章と内容が一部重複している。両書もあわせて参照されたい。

第 13 章　学校に教科書やテストがあるのはあたりまえ？

（2）　本章で紹介するような、既成の枠に縛られない教育のあり方は総称して、オルタナティブ教育とも呼ばれる。オルタナティブ教育とは従来の学校教育の枠にとらわれない「もう一つの教育」を指すものであるが、オルタナティブ教育は種類も多く特徴もさまざまである。シュタイナー教育、サドベリー教育、モンテッソーリ教育、ドルトン・プラン学校、イエナ・プラン学校、サマーヒル・スクール、フレネ学校などがある。

（3）　「エポック」とは「エポック・メイキング」の「エポック」で、「重要なことがらが生じる時代」という意味である。子安美知子ほか編『子どものいのちを育む——シュタイナー教育入門』学習研究社、2000 年。

（4）　一般財団法人東京サドベリースクールのホームページ参照。

（5）　昼食は、弁当持参でもよいし、キッチンでつくってもよい。また好きな時間に食べることができる。出前や外食も可能である。

（6）　荻上チキ・内田良編『ブラック校則——理不尽な苦しみの現実』東洋館出版社、2018 年。

【読書案内】

①ダニエル・グリーンバーグ（大沼安史訳）『世界一素敵な学校——サドベリー・バレー物語』緑風出版、2006 年。

　本書ではアメリカのサドベリー・バレースクールにおける教育実践の内実が、創設者であるダニエル・グリーンバーグ氏によって生き生きと描き出されている。本書を手にした読者は、具体的で豊富な事例を通じてサドベリー教育の生きた姿を目の当たりにするだろう。

参考文献

井藤元編『ワークで学ぶ教育学』ナカニシヤ出版、2015 年。

尾崎博美・井藤元編『ワークで学ぶ教育課程論』ナカニシヤ出版、2018 年。

ダニエル・グリーンバーグ（大沼安史訳）『世界一素敵な学校——サドベリー・バレー物語』緑風出版、2006 年。

（井藤元）

第14章
ホリスティックな学びとは？
持続可能な社会と私たちのかかわり

1．子ども・若者の未来は明るいのか？

　環境破壊、自然災害、人権侵害、経済格差など、私たちを取り巻く社会はさまざまな問題に直面している。グローバル化の進展にともない、そうした状況は地球規模にも、地域や地元においても見受けられる問題となっている。たとえば、移民・難民はヨーロッパやアメリカで起きている問題で、私たちには無関係であるといえるだろうか。移民や難民らへの差別や偏見といった人権侵害が繰り返し報道されるなかで、私たちの身のまわりの状況や国内で関連する諸問題を問い返すことがあるだろうか。諸外国から来日する観光客や技能実習生などの労働者の増加は必至であり、多文化共生に向けて社会のあり方がいま問われている。また、IPCC（Intergovernmental Panel on Climate Change：国連気候変動に関する政府間パネル）の第5次報告書で気候変動が人為的な要因で引き起こされている可能性がきわめて高いと記述されたことは記憶に新しい。近年の自然災害の頻度やその被害の大きさからも、その影響力を想像することは簡単だろう。

　また、子どもたちを取り巻く状況もけっして明るいとは断言できない。SNSやゲームの普及、また都市開発の影響から、遊びが仕事といわれる子どもの遊び自体も社会の変化とともに変わった。現代的なあそびの一つであるSNSのなかで彼／彼女らは「いいね」という共感集めのために多様に自己表現する。さまざまなキャラを使い分け、彼／彼女らは共感しあえる「友達」や「フォロワー」との時間や想いを共有する。一方で、現実社会では自分の想いや気持ちを表出することはせず、まわりから浮かないように「同じ」であることに気遣いながらも、そのなかでの自分らしさを必死で探すのである。このような気遣

第14章 ホリスティックな学びとは？

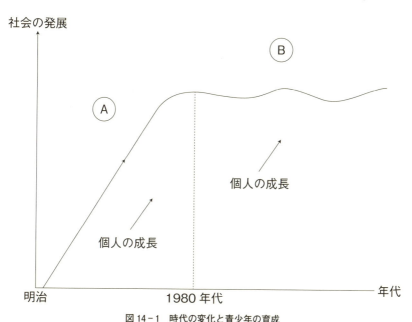

図14-1 時代の変化と青少年の育成
出典）田中治彦・萩原健次郎編『若者の居場所と参加——ユースワークが築く新たな社会』2012年、2頁。

いしあう優しい関係はいつしかいじめに発展したり、自己否定につながったりすることもある。

　子どもや若者が生きる社会の閉塞感は人間関係だけでなく、学校社会においても伝えられている。図14-1にあるⒶのように、個人の成長が社会の発展に比例していた近代社会のもとでは「いい学校に入れば、いい会社で働き、幸せになれる」という立身出世の成長神話が成り立っていた。しかし、バブル崩壊やリーマンショック、東日本大震災直後の状況からも明らかなように、何が確実で正解であるのかは不確かで不安定な社会となった現代において（図14-1のⒷ参照）、「いい学校」に入っても、その後の未来の確証はない。にもかかわらず、学校は近代社会を支えた近代学校教育システムを維持している。校則を守り、「同じ」であることを強いたり、テストでの成績の優劣で序列化されたりする学校文化がいまもなお継承されている。

　多様性が尊重される社会に生きていながら、一様な学校社会のなかで子ども・若者は育つ。そこで出会う教師は、どのようにいることが望ましいだろう

199

か。教師はこうした社会と教育との齟齬に目を向け、それらをいかに埋めることができるのかを考えながら、学校教育のあり方を再考し、問題山積な社会でもそれらにしなやかに対応できるレジリエントな人間を育てていく必要がある。

---ワーク14-1---

【社会と学校の齟齬】

1．学校で守らなければならないルールには何があるでしょうか？

　　　　　　　　　　　　　　　　　　　　　　　　　　　　　　

2．1．に書いたルールをなぜ守らなければならないのでしょうか。

　　　　　　　　　　　　　　　　　　　　　　　　　　　　　　

　　　　　　　　　　　　　　　　　　　　　　　　　　　　　　

2．一部しか知らない私たち

　社会は1人ひとりの人からなっている。ということは、社会のあり方が1人ひとりの行動や考え方に反映される。またその逆もしかりである。私たち1人ひとりの生活が社会と深くかかわっていることは、当然なのだが、普段の生活からは意外と抜け落ちてしまう。社会のあり方を問い返し、これからの社会の姿について、またその社会づくりの担い手として1人ひとりが考え、行動していくことが求められている。

　では、個人と社会との関係性を考えるために、私たちの食について考えてみたい。実際に今日食べたものを思い出し、それらがどのように私たちの手元に届いたのかを考えてみてほしい。

---ワーク14-2---

【今日食べたもののルーツは？】

1．今日食べたものを思い出してください。何を食べましたか？

　　　　　　　　　　　　　　　　　　　　　　　　　　　　　　

2．1．で答えたなかでどれか一つの料理をあげて、そのなかで使われている

第14章　ホリスティックな学びとは？

食材を一つ挙げてください。

3. 2. で挙げた食材の製造プロセスを想像してください。誰がどのように、
　何を使って、いつ、どこでつくられたでしょう。

　私たちの体は、口にするものでできている。水や食べ物が私たちの体で分解
され、体に吸収される。体によいものをとることに気をつけ、私たちはさまざ
まな情報をもとに自らの健康管理に努める。しかし、口にするものがいったい
どのようなプロセスを経て私たちのところに届いているのか、私たちは考える
ことをあまりしない。小学校のときに習った食品表示を確認する人はどれだけ
いるだろうか。

　食べ物だけでなく、私たちが使っているあらゆるものの生産プロセス、また
廃棄プロセスを私たちはすべて知っているわけではない。私たちの手元に届く
商品は、生産の「結果」としてお店の棚に並ぶ。あまり売れなければ、増産さ
れない。また消費期限を過ぎれば、店頭から撤去され、廃棄もしくは回収され
る。ここで一度考えみてほしい。この一連のプロセスで、もし児童労働などの
人権侵害が行われていたら、あなたは買うだろうか？　もし散布した農薬が生
物多様性の損失につながっていたら、その商品を買うだろうか？

　もともと、私たち人間は自然にかかわり、農業や漁業、林業、工芸といった
仕事を生業としてきた。自然に左右される生活や生業を通して、その土地の文
化や風土がつくられていった。しかし、近代化が進むと、自然との関係性も変
わる。自然は資源としてみなされ、収奪された。その資源を使って、あらゆる
産業が発展した。資源は姿を変え、商品や財として私たちの手元に届く。それ
ら商品や財による恩恵を私たちは享受し、物質的な豊かさや便利さ、衛生面で
の清潔さや快適さなどがあたりまえにある暮らしを営んでいる。私たちがいつ
でも均一な商品や財を安価に手に入れられる仕組みができた一方で、生産者は
できる限り原価をおさえるために、国内外を問わず安価なものを求める。資源
にかかる経費や人件費を安くしようと、資源の収奪や搾取がなされるようにな

201

り、環境破壊や人権侵害、経済格差の拡大などの問題が深刻化している。

　私たち1人ひとりの生活は、住んでいる地域社会のなかで完結するのではなく、世界のさまざまなところとつながっている。パンの原料である小麦粉もプラスティックや電力のもととなる石油も、服やタオルの原料である綿も、そのほとんどが国外から輸入されている。それぞれの地でどのような人がどのように働いているのか、私たちは知らない。けれども、あたりまえのように思っている私たちの日常生活には、計り知れないほどの数の人がかかわっているのである。

3．ホリスティックな見方

　産業発展とともに私たちの生活はめまぐるしく変化した。安く、便利に、速くすることに価値がおかれ、そうでないものは捨象される。時間に縛られないはずの子どもでさえ時間に追われた生活をさせられることもしばしばである。

　速くよくできることが評価され、遅いこと、下手であること、できないということが評価されない社会の影響はもちろん、教育にも浸透した。

　このような影響は私たちのものの見方や考え方にあらわれる。何か物事や出来事をとらえるときに、私たちは自らのうちにある価値観でそれらを判断する。価値観は家庭や学校、社会の影響を受け、形成されるため、自らの価値観をあらためて見直すことで自分自身がどのような価値システムに支えられた社会で生きてきたのかをとらえることができる。

　図14-2はものの見方を経済的なものとホリスティックなものとを対称的に示している。

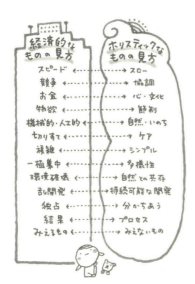

図14-2　ものの見方
出典）日本ホリスティック教育協会　金香百合・西田千寿子・友村さおり編『つながりのちから』せせらぎ出版、2010年、41頁。

第14章　ホリスティックな学びとは？

　「ホリスティック（holistic）」とは、「ホーリズム（holism）」という言葉から派生した語である。ホーリズムを語源にした言葉はホリスティック以外にも、ホール（whole 全体）、ヘルス（health 健康）、ヒール（heal 癒し）、ホーリー（holly 神聖な）という言葉がある。ホーリズムは哲学者であるJ. C. スマッツ（Smuts, J. C.,1870-1950）の著書『ホーリズムと進化』で知られたといわれる。スマッツの「全体は部分の総和以上である」という言葉からもわかるように、部分を足しあわせたとしても、何かが欠けたり、失ったりしてしまうため、全体にはならない。

　都市生活での日常を振り返ってみると、「スピード」に価値をおき、ついてこられないときは「切りすて」られる傾向があることに気づかされる。「結果」を求めて、自然との共存が顧みられず「乱開発」を繰り返し、経済成長を遂げてきたともいえる。経済成長に価値をおく社会に生きていれば、図14-2の左側にある「経済的なものの見方」を私たちは無意識のうちに体得している。

　一方のホリスティックなものの見方は、経済的なものの見方とは異なるもう一つの見方といえる。私たちは、「見える」世界だけで生活しているのではない。先の商品の生産プロセスで確認したように、私たちの暮らしは「見えない」世界ともつながっている。このような関係性に目を向ける見方がホリスティックなものの見方である。ゆっくりであることや他者と「協調」することに価値をおくこともある。独り占めではなく、「分かちあう」ことも選択肢にある。切りすて排除するのではなく、そういう対象を「ケア」し包摂することでその居場所がつくられる。「○○でなければならない」という一様な価値観をもつのではなく、なぜ一様な価値観をもっているのかという背景を考え、これまで切りすてられてきた価値観に目を向けていくことがホリスティックなものの見方では求められる。左側の「競争」や「お金」などに価値をおくことを否定するのではない。競争することで自身の能力や長短所などが確認できたり、お金を集めてコミュニティや他者を救う仕組み――たとえば、イスラム教におけるザカート、キリスト教におけるチャリティ、小さな集落における相互扶助の制度――があったりもする。経済的なものの見方で見てきたもの、また見えてなかったものについて見直していくことがホリスティックなものの見方につながる。

203

一様なものに価値のおく「経済的なものの見方」では、正解を探し、それに従うことが評価されるが、「ホリスティックなものの見方」には正解がない。さまざまな解のなかから、状況に応じて解を選択し、なぜその解を選んだのかという理由も考えていく必要がある。一つの解のときもあれば、複数のときもある。それらを見極める思考が求められる。

──ワーク14-3──

【わたしの価値観・ものの見方】

図14-2をみて、あなたのものの見方を考えてみましょう。

1．どちらのほうが大切だと思いますか？　もしくはどちらも大切ではないですか？　どちらも大切にしていますか？

2．まわりの人はどうだったか、話し合ってみましょう。

3．ワークを通して考えたり感じたりしたことなどを書き留めておきましょう。

4．ホリスティックなものの見方と持続可能な開発

　大量生産・大量消費・大量廃棄のプロセスを顧みることなく、このままの生活を続ければ、人類のいのちはあと100年もないという。永続すると思っていたいのちの連鎖が止まるということを、どれだけの人がわかっているだろう。生物多様性の損失、すなわち永続していたいのちが途絶えた／ているという報告を耳にしたことはないだろうか。スウェーデンにあるストックホルム・レジリエンス・センターのヨハン・ロックストローム（Rockström, J., 1965-）がグループリーダーとなって発表した「プラネタリー・バウンダリー」は、生物多様性の損失をはじめ気候変動や土地利用システムの変化、淡水の使用、海の酸性化などの地球環境の危機的状況を説いた。生物多様性の損失は取り戻すこと

第14章　ホリスティックな学びとは？

ができないほどのレベルに達していることなど、地球の危機的状況が訴えられたその概念は、後述するSDGsの基礎となった。

　経済成長を志向するものの見方をもって社会づくりを進めてきた功罪は、私たちの生活を振り返れば明らかだろう。物質的な豊かさを手に入れ、国を超えてさまざまなところへ自由に行くことでき、ほかの地域の人とすぐにコンタクトをとることができる便利な世の中である。一方で、プラネタリー・バウンダリーで示されているように、地球の自然環境の持続可能性は1970年代から国際社会で問題視されてきた。少しでも状況を悪化させないために、国際的に普及と促進が進められたのがESD（Education for Sustainable Development：持続可能な開発のための教育）である。

　「持続可能な」という言葉からわかるように、ESDの前提にあるのは持続不可能な状況である。地球の自然環境は限界状態にあり、私たち人類の持続可能性もいま、問い返すときにあるといわれている。持続可能性は、ときに国益の維持・増進と自己責任の理念に結びつき、未来世代に問題を先送りにしたり、弱者を虐げたりすることが免罪になることもある。「持続可能な（sustainable)」は「支持に値する」という意味をもち、「ほんとうに価値ある姿」であるかどうかを批判的に問い直していかなければならない。持続可能な開発とは、普段面倒だと思い、目を向けてこなかった状況に向きあいながら、自らのありようを振り返り、問題とされる状況を解決にむけて取り組むプロセスである。持続可能な開発には、地球が危機的状況になっていることを顧みる、先のホリスティックなものの見方が求められる。なぜ持続不可能とも思える状況になっているのかを問い返しながら、これまでの乱開発で虐げられてきたものの存在をとらえ直していく必要がある。

──ワーク14-4──

【あった、「持続可能な○○」！！】

1.「持続可能な○○」を探して、書き出してみましょう。

----

2. 1.で書き出した言葉を誰が、どこでどのような文脈で使っているのかを
　調べてみましょう。

205

3．2．で調べたことは、「ほんとうに価値のある姿」であるのか考えてみましょう。

　ESD の普及と促進の主導機関となったのは**ユネスコ**（UNESCO：国連教育科学文化機関）である。ユネスコは二度と戦争を起こさないために、教育、科学および文化を通して「知的連帯および精神的連帯」を目指し平和な社会の実現に努める国連機関である。1945 年の設立後に、教育分野では国際理解教育をはじめとして、環境教育、平和教育や人権教育などの必要性を説き、国際社会に教育の重要性を強調してきた。ESD はこうした歴史の上に誕生した。2005 年から 2014 年までの 10 年間を「国連 ESD の 10 年（以下、「10 年」）」とすることが 2002 年の国連総会で採択された。教育を通して諸問題を引き起こしたこれまで開発のあり方や私たちの暮らしを見直し、持続可能な社会のあり方を考えていくことが求められた。

　「10 年」は 2015 年以降 **GAP**（Global Action Programme on ESD）という 5 年間（2015–19 年）のプログラムには引き継がれるとともに、2030 年までの開発目標である **SDGs**（Sustainable Development Goals: 持続可能な開発目標、図14−3 参照）の目標 4．7 に盛り込まれた。ESD は SDGs 達成の原動力となる教育として位置づけられている。

　SDGs は「誰一人取り残さない」という理念のもと、図 14−3 にあるように 17 の目標が設けられ、先進国も途上国も達成を目指す目標とされた。それぞれの目標にはターゲットと実施手段が記されており、ターゲットをすべて足すとその数は 169 にもなる。17 目標はそれぞれが独立しているのではなく、相互に関連しあっているため、開発のあり方を考えながら 17 目標に包括的に取り組んでいくこと、また家庭、学校、企業、行政などさまざまなセクターが協力しあうことが求められている。たとえば、先述した生物多様性の損失に関連する問題はどの目標にかかわるだろうか。もちろん、直接かかわるのは目標

第14章　ホリスティックな学びとは？

図14-3　SDGs
出典）国際連合広報センター。

14と15であるが、なぜ生物多様性の損失が起きたのかを紐解いたり、それによって引き起こされる状況やこれ以上の被害が広がらないような対応策を考えたりなどホリスティックにとらえると、目標3、4、6、7、8、9、10、11、12、13、16、17というように、ほとんどの目標にかかわっていることに気づかされる。

4．学校での学習は日常生活につながるの？

　ESDはこれまでの社会のあり方を問い直し、持続可能な社会形成につながる新たなあり方を考え、個々人の既存の価値観や行動、ライフスタイルを変えていくことにねらいがおかれた教育活動である。その対象者は幼児教育段階から高等教育段階までの学校だけでなく、行政や企業など多様な場での学習者であり、子どもや若者だけでなく、大人も含まれる。
　ESDは「10年」のねらいや方針などの枠組みを示した「国際実施計画」に七つの特徴をもつと記された。社会と学校とのあいだにある離齬を埋めるため、

カリキュラム全体のなかに持続可能な開発のための学びを埋め込むこと（「学際的・ホリスティック」）、持続可能性が問われる社会を形成してきたようなこれまで私たちがあたりまえと思っている考え方や認識を問い直すこと（「価値志向性」）、持続可能性にかかわる諸問題の解決に向けて状況を多角的にとらえ、何が問題であるのかを批判的に問い直していくこと（「批判的思考と問題解決」）、一方向的な知識伝達型の教授法だけではなく、さまざまなアプローチを使って、思考を深めたり問題解決に向けて協働したりすること（「多様な方法」）、学習者が意志決定のプロセスに参加すること（「参加型意志決定」）、学んだことを暮らし方や働き方につなげること（「適用可能性」）、地球規模で起きている問題を自分事として考えられるように身近な地元や地域の課題と関連させること（「地域の関連性」）である。

　以上のような特徴を活かした ESD の手法は、**ホールスクール・アプローチ**である。ホールスクール、すなわち学校全体である。学校のどの部分を切り取っても、ESD の特徴や持続可能性に通じているように、問題解決していく方法である。授業内容で扱われる持続可能な開発を学校施設の管理・運営にもつなげ、また学校組織全体のシステムや校風（エートス）が持続可能であること、すなわち「ほんとうに価値のある姿」であるのかを考え、その実現に取り組んでいく手法である。

　イギリスの前（労働党）政権下では、ホールスクール・アプローチを取り入れた教育政策が推進された。八つの扉と呼ばれる切り口——飲食・エネルギーと水・通学と交通・購買と無駄づかい・校舎と校庭・包摂と参加・地域のウェルビーイング・グローバルな観点——から、学校全体で持続可能な開発に取り組む。たとえば、飲食であれば、子どもが授業で健康的で持続可能な飲食に関する知識や技能、価値観について学べるようにカリキュラムの見直しが全学年でなされる。また、キャンパス内での菜園やたい肥づくりを活かして地産地消を学校内で実践したり、給食の献立や持参する弁当の確認を通して健康的な食事をとるようにしたりして、授業での学びが学校生活のいたるところに活かされるように取り組まれた。その取り組みを調査し、改善していく仕組みを子どもと教職員とがともに動かすことが望まれた。さらに、地域コミュニティで協働することも求められた。持続可能な飲食を提供できるようにパートナーシッ

第 14 章　ホリスティックな学びとは？

プを結ぶなどして、学校が地域コミュニティのハブとして持続可能な開発のモ
デルとなるような試みをしていくことが推進されたのである。このようにカリ
キュラム・キャンパス・地域コミュニティにおいて、学校での学びと学校生活
がつながり、持続可能な開発が何であるのかを探究できる学びの場にすること
が求められた。

　この教育政策は、たとえば飲食からはじまった実践が「購買と無駄づかい」、
「エネルギーと水」、「地域のウェルビーイング」、「包摂と参加」などと結びつ
き、つながりあい、学校全体でどこを切っても持続可能な開発の取り組みをみ
ることができるようにしていくことを目指したのである。

　学校で子どもは差別や偏見、ゴミ問題や環境破壊など持続可能な開発に関連
する内容について学ぶ一方で、身近な場でそれらに加担する言動をしていない
だろうか。学びの経験を自らの生活につなげ、学んでいることの意味を納得し
ていくことが 1 人ひとりの、また各コミュニティそれぞれのチャレンジである。
また、ホールスクール・アプローチは子どもだけではなく、大人も持続可能な
開発の担い手として参加させる。子どもも大人も問題を起こしていた習慣を改
めていかなければならない。

5．ESD では国際問題や地域課題を扱えばよいのか？

　ESD は、国際的に問題視されている状況や地域課題を扱えば、実践してい
ると思われる傾向にあるが、それだけに終始する教育活動ではない。授業で学
ぶ内容が、私たち 1 人ひとりの生活世界につながるようにしていくことが求め
られる。子どもにとっても、教職員にとっても学校が持続可能な場となるよう
に、まずは身のまわりの問題を見つけるところからはじめていくことが先決で
ある。給食の残飯やごみ問題、いじめやけんかなどの問題かもしれないし、ま
たは教師のワークライフバランスやハラスメントなど教師の労働環境に関する
問題かもしれない。いま一度、学校内にある問題を探し、何が問題であるのか
をとらえる必要がある。その際、先の SDGs の 17 目標や ESD の七つの特徴の
視点を使って、学校のあり方を見直してみるとよいだろう。そこで気づいたこ
とや考えたことなどを仲間や子どもたちと話し合い、何からはじめてどのよう

209

に展開していけばホールスクール・アプローチになるのか、どのようにしていけばSDGsの目標達成に関われる場のあり方になるのかを考えることから、学校の持続可能な開発のプロセスがはじまる。

　このプロセスに子どももかかわらせることが重要である。学校づくりにかかわることは社会形成の担い手育成につながる。子ども・若者が意志決定プロセスに加わり、積極的に参加していくことが、ESDの七つの特徴の一つである「参加型意思決定」の姿である。子ども・若者も人権をもつ1人の人間であり、社会の一員である。子どもたちが主体的に自らの場づくりにかかわりながら、持続可能な開発のあり方を体得していけるよう教育環境をホリスティックに考えていく必要がある。

　第1節で挙げたような現代社会を取り巻く諸問題は、私たちと、また学校と無関係ではない。子どもたちの眼に映る現代社会には紛争やテロ、暴動などの暴力行為がある。大人が暴力をもって他者に異論や反感、批判を示している姿を見て、子どもは何を思うだろう。またSNSを使ったいじめ、教師や部活動指導者からの体罰、養育者による虐待など、なぜ子どもや若者が被害者や加害者にならなければならないのか、こうした社会の姿から私たちは子どもに何を伝えているのだろうか。身のまわりにある持続不可能性をいかに持続可能にしていけるのかを、1人ひとりが検討していかなければならない。「ほんとうに価値ある姿」とはどのような場であるのかを私たち1人ひとりが包括的に考え、具体的に実践していかなければならない。

　テストや受験が目的化されている昨今、子ども・若者がなぜ学ぶのかを見出せないことが少なくない。人間がよりよく生きていくために、目先にある個人の利益だけでなく、生きる場である地球の自然環境をケアしたり、他者と共生する場である社会のあり方を考えたりしていかなければならない。学校で子ども・若者と未来を語り、創造していく楽しさや喜びを共有していくために、ホールスクール・アプローチのようなホリスティックな学びを通して持続不可

第 14 章　ホリスティックな学びとは？

能と思えるさまざま状況を持続可能にしていくことが求められる。

―ワーク14−5―

【SDGs とわたしたちの学校】
SDGs の 17 目標の視点を使って、課題があるところ、よいところを探して、私たちの学校の持続可能性を調査してみましょう。

改善したほうがよいところ	よいところ

【読書案内】
①住田昌治『カラフルな学校づくり――ESD 実践と校長マインド』学文社、2019 年。
　ESD を通して先生たちがどんどん変わっていった小学校の校長によるホリスティックな学校づくりがわかる一冊。ホールスクール・アプローチを進める考え方がわかりやすく書かれている。
②永田佳之（監訳）・曽我幸代（訳）編著『新たな時代の ESD――サスティナブルな学校を創ろう――世界のホールスクールから学ぶ』明石書店、2017 年。
　ESD の「10 年」をふり返りながら、ホールスクール・アプローチとは何かを理解できる。また国内外の優良実践および、イギリスで進められたホールスクール・アプローチの教育政策で重要な資料の翻訳と解説も付した一冊。

参考文献
菊地栄治「持続可能な教育社会へ――新自由主義の教育改革とどう向き合うのか」日本ホリスティック教育協会編『持続可能な教育社会をつくる――環境・開発・スピリチュアリティ』せせらぎ出版、2006 年、190-209 頁。
鬼頭秀一『自然保護を問いなおす――環境倫理とネットワーク』1996 年、筑摩書房。
曽我幸代『社会変容をめざす ESD――ケアを通した自己変容をもとに』2018 年、学文社。
田中治彦・萩原健次郎編著『若者の居場所と参加――ユースワークが築く新たな社会』2012 年、東洋館出版社。
永田佳之・曽我幸代編著・訳『新たな時代における ESD　サスティナブルな学校を

創ろう──世界のホールスクールから学ぶ』2018 年、明石書店。

日本ホリスティック教育協会編『ホリスティック教育入門』せせらぎ出版。

土井隆義『友だち地獄──「空気を読む」世代のサバイバル』2008 年、筑摩書房。

土井隆義『つながりを煽られる子どもたち──ネット依存といじめ問題を考える』
2014 年、岩波書店。

吉田敦彦『ホリスティック教育論──日本の動向と思想の地平』1999 年、日本評論社。

（曽我幸代）

第15章
教師になったあとも学び続けるためには？
同僚とともに学び合う校内授業研究

1．学び続ける教師を支える校内研修としての授業研究

　本書では、これまでさまざまな視点から、教育の方法や技術について論じてきた。こうした方法や技術は、教師が生涯をかけて学び磨いていくものである。ただし「生涯をかけて」といっても、単に教師を長く続けていれば自然に優れた方法や技術が身につくわけではない。みなさんの小中高校時代を思い返してみても、面白く楽しいと思える授業もあれば、つまらなくて苦痛すら感じるような授業もあったのではないだろうか。学習者が面白い・楽しいと思う授業を実践するには、そう思わせるだけの授業者の工夫や準備が必要であり、その工夫や準備をするためには、教師としてさまざまな教育の方法や技術を学び続けることが重要となる。

ワーク15-1

あなたが小中校時代に受けてきた授業のなかで、面白い・楽しいと思ったのはどのような授業でしたか。また、その授業のなかで、教師のどのような工夫や準備がみられましたか。

　かつて、優れた教育の方法や技術は、天性の職人技や勘やコツのようにみなされる傾向があった。そのため、優れた授業実践をする教師の「背中を見て育つ」あるいは「技を盗む」など、教師が教育の方法や技術を学ぶ過程も曖昧なままであることが多かった。しかし近年では、教師教育研究の発展にともない、

教師が専門家として適切に教育の方法や技術を学び磨いていくための「教師の学習」のあり方について活発な議論が展開されるようになった。

なかでも、近年、教師が専門家として適切に教育の方法や技術を学び成長していくために、重要な役割をはたすものとして注目されているのが校内研修としての**授業研究**（以下、校内授業研究）である。もちろん、教師の学びの場は、民間教育研究団体の勉強会、教育委員会主催の講習、大学での講座、インフォーマルな自主的勉強会など多岐にわたる。しかし、教師が日々の教育実践を行う学校という職場においてどれだけ研修が充実しているかは、教師の成長に大きく影響すると考えられている。

一口に校内授業研究といってもさまざまな実施体制が存在するが、最も多いのは、ある特定の教師が授業を公開し、それを複数の同僚教師たちで参観したのち、協議会を開いて授業について議論するというものである。みなさんも、小中学校時代に、自分のクラスに他の教師がやってきて授業の様子を参観していたことを記憶している人もいるのではないだろうか。このように日本では、校内研修として授業研究を行うことは、教師としてごくあたりまえのことと考えられることも多い。しかし、海外に目を移してみると、実は授業研究というのは日本独特の実践なのである。

日本の授業研究は、明治期から続く長い歴史をもつ実践である。だが、1999年にアメリカの研究者が出版した書籍[1]に日本の授業研究のことが英語で紹介されて以降、日本独特の優れた教師の学習システムとして世界から注目を集め、現在はアジア、アメリカ、ヨーロッパなど、さまざまな国で実践されるようになってきている[2]。

2．校内授業研究を通して何を学ぶのか——専門家としての事例研究

教師は、校内授業研究を通して何を学んでいるのだろうか。教育の方法や技術を学ぶのであれば、参観した授業のなかでみられた教師の発問や板書や教材・教具の使い方などをメモしておき、あとで自分の授業でもまねてみるというやり方が効果的なのだろうか。まず先に断っておくと、このように目に見える授業者の行為だけを表面的にまねるようなやり方では、専門家として成長で

きないばかりか、マニュアルやモデルに依存した実践しかできなくなるという弊害も生みかねない。

授業といういとなみの複雑さを知る

　では、教師が専門家として適切に教育の方法や技術を学び成長していくためには、校内授業研究において何をどのように学ぶべきなのだろうか。この問いに対するヒントとなる図を示そう。図15-1は、授業者の「行為」の複雑さをあらわしたものである。授業において、私たちの目に見える教師の「行為」は氷山の一角に過ぎず、水面下の隠れたところに教師の「行為」を支える複雑な諸要素が存在する。校内授業研究においては、目に見える教師の「行為」について論ずるにとどまるのではなく、なぜ教師がそうした「行為」にいたったのかという、水面下の目には見えないさまざまな要素について議論することがきわめて重要になる。

　図15-1について具体例を挙げながらもう少し詳しく説明しよう。たとえば、ある教師が授業のなかで、各生徒にiPadを活用させながら話し合う活動を取

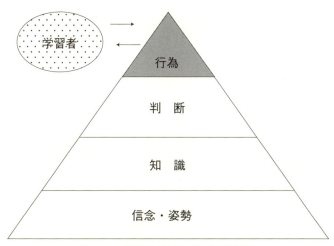

図15-1　教師の「行為」を支える諸要素
出所）Darling-Hammond, L.W. *et al., A License to Teach: Raising Standards for Teaching*, San Francisco, CA: Jossey-Bass Publishers, 1999, p.101, ならびに、佐久間亜紀「教師の専門的力量とは」油布佐和子編『現代日本の教師——仕事と役割』放送大学教育振興会、2015年、165頁をもとに筆者作成。

り入れたとしよう。この目に見える教師の「行為」を水面下で支えている諸要素の一番根底には、その教師の「信念・姿勢」が存在する。この教師には、思考のツールを旧来のノートと鉛筆から情報機器に変えることにより、生徒たちの思考力の広がりと深まりが飛躍的に拡大するという「信念・姿勢」があったのかもしれない。しかし、そうした「信念・姿勢」があるというだけで、すぐに「行為」に結びつくわけでなない。教科や単元の「知識」、あるいは情報機器を用いた活動に関する「知識」、また、自分が担当する児童生徒がどのような子どもたちなのかという学習者に対する「知識」も必要不可欠だろう。そうしたさまざまな「知識」をふまえて、はじめてその教師がiPadを活用した話し合い活動を取り入れようという「判断」を下すことができる。こうした水面下のさまざまな要素にもとづき、私たちの目に見える教師の「行為」が表出されるのである。

　それに加えて、忘れてはならないのは、教師の「行為」が学習者にどう作用し、また学習者の反応を教師がどのように受け取ったかという相互作用についてである。授業研究では、ともすると教師の「行為」ばかりに注目し、学習者である児童生徒がどのように学んでいたかという実態が見落とされてしまうことが多々ある。しかし、教師が教育の方法や技術を学び成長する目的は、最終的には子どもたちの学びの質を豊かにすることだと考えれば、子どもたちが実際にどのように学んでいたのかという視点は、けっして欠くことのできないポイントとなる。

授業者の「行為」を支える諸要素を省察する

　こうした授業における教師の「行為」を水面下で支える複雑な諸要素と、子どもの学びの実態とを関連づけて省察し丁寧に議論していくことが、校内授業研究ではきわめて重要になる。ここで試しに、先ほど「ワーク15−1」で挙げた、あなたが面白い・楽しいと思った授業を例に考えてみよう。

──**ワーク15−2**──
　あなたがワーク15−1で挙げた「面白い・楽しいと思った授業」のなかでみら

れた授業者の工夫や準備は、どのような「信念・姿勢」「知識」「判断」によっ
て実践されたものか、考えてみましょう。

　たとえあなたが実際に受けた授業、実際に知っている教師であっても、その
教師がどのような「信念・姿勢」や「知識」などをもって「行為」していたの
かを考えてみることは難しかったかもしれないし、はたしてあなたの考えが正
しいかどうかもわからない。しかし、ここで重要なことは、教師の「行為」が、
どのような「信念・姿勢」「知識」「判断」の関係のなかで生まれてきたものな
のかを省察する視点をもつということである。
　校内授業研究では、同僚が公開する授業を参観し、その授業のなかに生起す
る教師の「行為」や子どもたちの学びの実態について見取り、さらに、目に見
える「行為」の水面下にある複雑な諸要素の関係を省察することが求められる。
これは、けっして発問や板書や教材・教具の使い方など、目に見える授業者の
行為だけを表面的に観察し、それを手本とするような研修ではない。授業研究
を通して教師が専門家として学び成長するためには、観察した授業という事例
において、授業者である同僚教師がいかなる「信念・姿勢」で授業に臨み、ど
ういった「知識」に基づく「判断」によって「行為」しているか、そしてその
結果、学習者である子どもたちはどのように学んでいたのかを省察する「事例
研究」を積み重ねていくことが重要である。その積み重ねによって、ゆくゆく
は、自らが授業者となったときに、授業を進行しながら自らのふるまいについ
て「行為の中の省察」（ショーン）を行っていく力量を培うことができるので
ある。

3．校内授業研究において誰と学ぶのか——同僚性と教師文化

　校内授業研究において、「誰と学ぶのか」という問いに対する答えとして、
第一に想起されるのは当然「同僚」であり、それ自体は問題にするまでもない

と思われるかもしれない。しかし、どのような「同僚」と学ぶのか、ということは教師の成長を左右する重要なテーマである。

同僚性

　教師の専門的成長に大きな影響を与える「同僚」に関しては、これまで「**同僚性（collegiality）**」の規範の問題として研究が行われてきた[3]。「同僚性」の規範とは、職場で教師たちが互いにどのようなコミュニケーションのとれる関係を築いているかということを指す。たとえば、単なる世間話をするだけの関係なのか、あるいは、互いの授業を見合い語り合えるような関係なのかによって、教師の学びや成長は大きく影響を受ける。もし仮に同僚との関係が険悪な職場であれば、いくら校内授業研究の回数を重ねたとしても、教師が互いに学び合い専門的力量を適切に形成していけると期待するのは難しくなるだろう。また、たとえ同僚との関係が良好で学校行事や雑務処理の場面では円滑に協力しあえる職場でも、いざ授業研究となると、なかなか本音で語り合えなくなったり、若い教師がベテラン教師や管理職の目を気にして自由に発言しづらくなったりという問題が起きることも少なくない。これらをふまえると、校内授業研究において、教師が「何を学ぶのか」ということだけでなく、「誰と学ぶのか」つまり、どのような「同僚性」の規範のなかで学ぶのかは、大変重要な問題であるということがいえる。

教師文化

　「同僚性」のあり方を規定する要因として「**教師文化**」の存在は大きい。「教師文化」とは、教師個人あるいは教師集団の関係性のあり方の総体を指すものである。詳細にみれば学校ごとに独自の「教師文化」が存在するのだろうが、一方で、個々の学校レベルを超えた、校種や地域等による共通性もみられる。教師の専門性や「教師文化」について、教育・社会・経済・政治など多方面から研究してきたハーグリーブス（Hargreaves, A., 1951-）は、典型的な「教師文化」を次の五つの型に分類している[4]。

　第一は「個人主義型」である。これは、文字通り個々の教師が孤立しており、同僚間の交流がほとんどない状況を指す。第二は「グループ分割型（バルカン

諸国型）」である。同じ学年部や教科部の同僚とは密接な関係をもつが、他学年や他教科の教師とはほとんど交流しないといった状態であり、日本の中学校や高校に多くみられる「教師文化」といえる。第三は「協働的文化型」であり、この状態は家族的に打ち解けあい何事も一緒に仕事を進める関係が築かれているのだが、ともするとリーダー的な立場の教師に対して他の教師が自分の意見を言いにくくなったり、仕事がマンネリ化してきたりする可能性もある。日本の小学校や幼稚園によくみられる「教師文化」といえるかもしれない。第四は「仕組まれた同僚性型」と呼ばれるものである。これは、組織として成果を出すために、官僚制的なリーダーシップによって協働が意図的に仕組まれた状態であり、業務内容やスケジュールがトップダウンで決められていることが多い。たとえば、文部科学省や教育委員会から研究を委託され、校長の指示のもと教職員が一丸となって対応しなければならない場合などに、この型の「教師文化」が顕著となる。第五は「動くモザイク型」であり、教師の問題意識と必然性からインフォーマルに生まれてくる「教師文化」を指す。この型では、教師たちは必要に応じて柔軟に連携するが、それは固定的な集団ではなく、その時々の必要に応じて連携するメンバーの顔ぶれも変化する。トップダウンで仕組まれた「教師文化」ではないため、関係性が不安定になったり、連携に際して議論や葛藤も生じやすいが、教師の専門的成長を育むことに寄与する「教師文化」だと考えられている。

チームとしての学校

　ここまで、「同僚」は同じ学校に勤務する教職員という想定で論じてきた。しかし、近年、教師が学校外部の心理や福祉などの専門家と連携協力していく**「チームとしての学校」**という構想が打ち出されている[5]。その背景には、いじめや貧困の問題、特別な支援を必要とする子どもたちの増加など、子どもたちをめぐる課題が複雑化・多様化してきている現状がある。具体的には、スクールカウンセラーやスクールソーシャルワーカーなどの専門家と連携し、子どもたちへの教育や支援のあり方を充実させていくというものである。

　さらに、「チームとしての学校」構想の背景には、もう一つ大きな課題が存在する。それは、現在の日本の教師の多忙な勤務状況である。2013年の

「OECD 国際教員指導環境調査」（TALIS 調査）により、世界の教師たちと比較して、日本の教師が圧倒的に多忙な状況におかれていることが明らかになった。しかも、その仕事時間の内訳をみると、一般的事務業務や課外活動（部活動等）の指導など、授業以外の業務に多くの時間が割かれていることがわかっている[6]。そのため、今後は教師がすべての業務を1人で抱え込むのではなく、外部専門家と連携・分担しながら、本来教師が最も力を注ぐべき授業や研修に集中できる環境を整備していくことが急務の課題となっている。

　学校外の専門家と連携協力することにより、校内研修を充実させる時間が確保され、学校が教師にとって自らの専門性を磨くことに注力できる学びの場へと改善されていく可能性に期待したい。しかし、その際、授業は教師の仕事だが、授業以外のことは外部専門家に委託するだけといった安易な分業とならないように留意が必要である。そのためにも、今後は、外部の専門家を含めた「同僚性」や「教師文化」のあり方を考えていかなければならないだろう。

---ワーク15-3---
「チームとしての学校」が、教師と学校外部の専門家による安易な分業体制にならないために、教師が心がけておくべきことを考えてみましょう。

4. 校内授業研究においてどのように学ぶのか――校種別の実施体制

　校内授業研究の実施体制として最も多いのは、「研究授業」と呼ばれる授業をある特定の教師が公開し、それを複数の同僚教師たちで参観したのち、「事後協議会」を開いて参観した授業について議論するというものである。しかし、その実施体制は多様であり、ある決まったやり方があるわけではない。以下に、国立教育政策研究所が行った調査結果を示しながら、校内授業研究の実施体制の現状をみていこう。

第 15 章　教師になったあとも学び続けるためには？

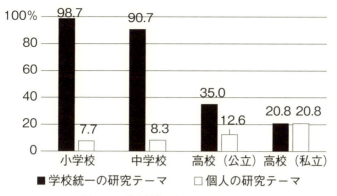

図 15-2　校内授業研究のテーマ設定状況
出所）国立教育政策研究所『教員の質の向上に関する調査研究報告書』2011 年、49 頁をもとに筆者作成。

「研究テーマ」の設定状況

　まず、校内授業研究を実施するにあたり、多くの小中学校では年度はじめに「研究テーマ」を設定する。その際、どのようにテーマを設定しているのかという状況を示したのが図 15-2 である。

　第一に注目したいのは、個々の教師の興味関心にもとづく個人研究テーマを設定している学校はごくわずかであり、学校統一のテーマで研究を進めているケースが圧倒的に多いという状況である。学校統一のテーマで研修を進めようとすると、トップダウン的に掲げられた方針に、ただ受動的に従う教師が生まれやすい。また、とくに小学校では焦点化する教科を国語あるいは算数といった一つに限定するケースが多く、個々の教師が本当に追究したいテーマや教科では必ずしもないという問題も生じている。

　第二に注目したいのは、学校統一にしろ、個人にしろ、高校では校内授業研究のテーマを設定している学校が小中学校に比べてかなり少ないということである。同調査の別のデータから、小中高と校種が上がるにつれ校内授業研究の実施頻度が極端に低いことが明らかになっていることをふまえると、高校では、単に「研究テーマ」を決める学校が少ないだけでなく、校内授業研究そのものを実施している学校が少ないことも推測される。

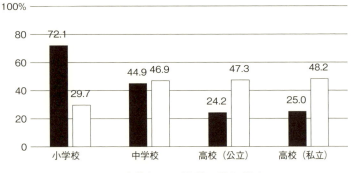

図15-3 「研究授業」の実施体制
出所）国立教育政策研究所『教員の質の向上に関する調査研究報告書』、56頁をもとに筆者作成。

「研究授業」の実施体制

次に、「研究授業」の実施体制をみていこう。図15-3によると、すべての教師が「研究授業」、すなわち同僚が参観し協議の対象となる公開授業を行っているわけではないことがわかる。小学校では7割強の学校で、全教師が「研究授業」を行っていると回答しているのに対し、中学校ではその数は5割以下に減少し、さらに、高校においてはわずか2割程度しかみられない。

そのかわりに、中学校や高校では、教科や学年の代表が「研究授業」を行っているケースが約5割にのぼる。これに加えて、ある別の調査では、「研究授業」を公開する教師は若手や中堅に偏る傾向にあることが指摘されている。教職25年以上のベテラン教師ともなると、ほとんど「研究授業」を行わなくなることも多く、そして、その傾向は小学校よりも中学校において顕著であるという[7]。

「事後協議会」の実施体制

最後に、「事後協議会」の実施体制をみてみよう（図15-4）。全体会、つまり全教師が集まって参観した「研究授業」について議論する体制をとっている学校は、小中高と校種が上がるごとに減少している。

中学校や高校で多く取り入れられているのは、グループ別協議である。ほぼ全教科を担任が教える小学校と違い、教科別に授業を担当している中学校や高

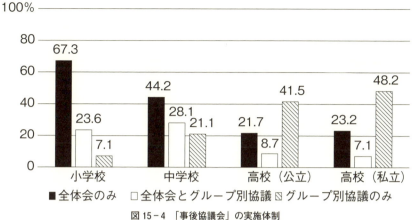

図 15-4 「事後協議会」の実施体制
出所）国立教育政策研究所『教員の質の向上に関する調査研究報告書』、59頁をもとに筆者作成。

校では、教科部会に分かれて「事後協議会」を実施する傾向が強いことがうかがえる。

このように、学校全体ですべての教師が参加するのではなく、教科や学年に分かれてグループ別でしか「事後協議会」を実施しない体制が続くと、ハーグリーブスが指摘した「グループ分割型（バルカン諸国型）」の「教師文化」がさらに進行し、校内全体で行う研修としての意義を大きく損なうことにもなりかねない。

5．今後の展望——教師の専門的学びと成長を保障するために

上述のような校内授業研究の実態をみると、本来、教師1人ひとりの専門的成長に寄与するべき研修のはずが、必ずしもそのように機能していない現状にあることがわかるだろう。

まず、「研究テーマ」は、個々の教師がそれぞれ追究したいテーマや教科を設定し、各自が自律的・自主的に学びながら、互いの研究を多様な視点から交流する研修へと転換していく必要があるだろう。また、「研究授業」を教科や学年代表だけに任せるのではなく、これからは若手も中堅もベテランも関係なく、すべての教師が1年に最低1回は「研究授業」を公開し、1人ひとりの教

師が専門家として学び成長できる研修体制を整備していかなければならない。さらに、「事後協議会」についても、教科や学年などで分断するのではなく、すべての教師が集い、同僚とともに学び合える体制にしていくということが重要である。仮に校内授業研究の目的が、単に自分の授業に直接使える方法や技術を学ぶためであれば、教科別や学年別に分かれて研修するほうが効果的・効率的かもしれない。しかし、本章で繰り返し述べてきたように、校内授業研究の一番重要なポイントは、単に教師の「行為」だけに注目するのではなく、その水面下にある諸要素や子どもたちの学びの実態との複雑な関係を丁寧に見取り省察するところにある。この点をふまえると、じつは、同じ教科や学年の教師たちだけで集まると視点が偏ることも多く、今後は、教科や学年の壁を越え、すべての教師が同僚とともに学び合える研修体制にしていかなければならない。

注

（1） Stigler, James W. &Hiebert, James, *The Teaching Gap - Best Ideas from the World's Teachers for Improving Education in the Classroom*, New York: The Free Press, 1999.（スティグラー，J.W.・ヒーバート，J.（湊三郎訳）『日本の算数・数学教育に学べ──米国が注目する jugyoukenkyuu』教育出版、2002 年）

（2） 日本教育方法学会編『日本の授業研究 Lesson Study in Japan──授業研究の歴史と教師教育〈上巻〉』学文社、2009 年。

（3） Little, J.W., "Norms of collegiality and experimentation. Workplace conditions of school success," *American Educational Research Journal*, vol.19, 1982, pp. 325-340.

（4） Hargreaves, A., *Changing Teachers, Changing Times: Teacher's Work and Culture in the Postmodern Age*, London: Cassell, 1994, p. 238.

（5） 中央教育審議会「チームとしての学校の在り方と今後の改善方策について（答申）」2017 年 12 月 21 日（http://www.mext.go.jp/b_menu/shingi/chukyo/chukyo0/toushin/__icsFiles/afieldfile/2016/02/05/1365657_00.pdf）。

（6） 国立教育政策研究所『教員環境の国際比較──OECD 国際教員指導環境調査

第15章　教師になったあとも学び続けるためには？

（TALIS）2013 年調査結果報告書』明石書店、2014 年、23 頁。
（7）　秋田喜代美「教師の力量形成――協働的な知識構築と同僚性形成の場としての
　　　授業研究」21 世紀 COE プログラム東京大学大学院教育学研究科基礎学力研究開
　　　発センター編『日本の教育と基礎学力―危機の構図と改革への展望』明石書店、
　　　2006 年、191-208 頁。

【読書案内】
①**稲垣忠彦・佐藤学『授業研究入門』**岩波書店、1996 年。
　明治期から続く授業研究の歩みを振り返るとともに、教師の専門的成長にとって授
業研究がはたす役割をわかりやすく論じた良書。
②**秋田喜代美・ルイス, キャサリン『授業の研究 教師の学習――レッスンスタディへ
のいざない』**明石書店、2008 年。
　授業研究の世界的な広がりを紹介するとともに、授業研究を通した教師の専門的力
量の形成過程を、具体的な事例とともに詳しく解説している。

参考資料
石井順二・小畑公志郎・佐藤雅彰『授業づくりで 子どもが伸びる、教師が育つ、学
　　　校が変わる――「授業づくり・学校づくりセミナー」における「協同的学び」の
　　　実践』明石書店、2017 年。
佐藤学『専門家として教師を育てる――教師教育改革のグランドデザイン』岩波書店、
　　　2015 年。
日本教育方法学会編『日本の授業研究――Lesson Study in Japan　授業研究の歴史と
　　　教師教育＜上・下巻＞』学文社、2009 年
日本教育方法学会編『授業研究と校内研修――教師の成長と学校づくりのために』図
　　　書文化社、2014 年。

（北田佳子）

人名索引

あ
アトキン Atkin, J. M.　*110*
アレント Arendt, H.　*80*
市川浩　*135*
ヴィゴツキー Vygotsky, L. S.　*34-36, 38-43,*
　86, 97, 98
ウェンガー Wenger, E.　*95*
エンゲストロム Engestrom, Y.　*98*

か
キティ Kittay, E. V.　*169, 170*
ギリガン Gilligan, C.　*170, 172-174*
コールバーグ Kohlberg, L.　*172-174*

さ
佐伯胖　*95*
佐藤学　*49, 96*
シュタイナー Steiner, R.　*184*
ショーン Schön, D. A.　*50, 52, 53*
スマッツ Smuts, J. C.　*203*

た
竹内敏晴　*121, 134*
テイラー Taylor, C.　*80*
デューイ Dewey, J.　*27, 86, 129, 130*
トマセロ Tomasello, M.　*39*
トリリング Trilling, L.　*80*

な
中野民夫　*64*
ニューマン Newmann, F. M.　*79*

野口晴哉　*138*
野口三千三　*134*
ノディングス Noddings, N.　*170, 175, 176,*
　179-181

は
ハーグリーブス Hargreaves, A.　*218*
パブロフ Pavlov, I.　*98*
ピアジェ Piaget, J.　*34-40*
ビネー Binet, A.　*42*
フーコー Foucault, M.　*24, 79*
ブーバー Buber, M.　*175*
プルースト Proust, M.　*61*
ベイトソン Bateson, G.　*99*
ボーム Bohm, D.　*7*

ま
メイヤロフ Mayeroff, M.　*170-172, 175, 176*
メルロ＝ポンティ Merleau-Ponty, M.　*122*

ら
ルリア Luria, A. R.　*35, 36*
レイヴ Lave, J.　*95*
ロックストローム Rockström, J.　*204*
ロジャーズ Rogers, C. R.　*62, 63, 148, 155-*
　157, 162

わ
ワーチ Wertsch, J. V.　*99*
ワロン Wallon, H.　*94*

事項索引

あ

IoT　*77*

ICT 機器　*92*

アイスブレイク　*65*

愛知シュタイナー学園　*184*

IPCC（国連気候変動に関する政府間パネル）
　198

アクティブ・ラーニング　*4-6, 33, 48, 64, 69,
71, 76-78, 147*

ESD（持続可能な開発のための教育）　*205-
207, 209*

家づくり　*188*

生きる力　*31*

一致　*63, 148, 155-157*

動くモザイク型　*219*

AI（人工知能）　*77*

SNS　*198, 210*

SDGs（持続可能な開発目標）　*205, 206, 209*

エポック授業　*184*

オイリュトミー　*189*

教えの専門家　*47*

オルタナティブ教育　*197*

か

学習指導要領　*3, 30, 33, 48, 76, 105, 115*

学校文化　*199*

からだ　*120, 134-143, 145, 147*

　主体としての――　*122, 125, 131, 134, 137,
138*

カリキュラム　*105*

　――・マネジメント　*48, 106, 115*

　意図された／意図されなかった――　*106*

　教科――　*108*

　経験――　*108, 109*

　顕在的な／潜在的な――　*106*

　コア・――　*109*

　広域――　*109*

相関――　*108*

融合――　*108*

聴き合う　*130*

聴く　*87, 122, 128*

GAP　*206*

教育課程　*105*

共感的理解　*63, 148, 155, 156*

教師文化　*218*

技術的熟達者　*50*

教科等横断的な視点　*115*

協働的文化型　*219*

協同（働）的学び　*48, 83, 86*

協力学習　*85*

グループ分割型（バルカン諸国型）　*218*

ケア　*167-172, 181*

　――の倫理　*170, 174, 176*

ケアリング　*175, 176, 179-181*

形成的評価　*114*

研究授業　*222*

研究テーマ　*221*

現代化　*30*

行為についての省察　*53*

行為の中の省察　*52, 217*

行為の中の知の生成　*54*

工学的接近　*110*

皇国民練成　*29*

国民皆学　*20*

国民教育　*21*

個人主義型　*218*

個人内評価　*113*

さ

最近接発達領域　*41, 86, 94*

サドベリー教育　*183*

仕組まれた同僚性型　*219*

事後協議会　*222*

資質・能力　*76*

持続可能な　205
実践の認識論　54
シナリオ　81
集団に準拠した評価　113
授業を想定した教材の知識（PCK）　58
授業研究　214
授業デザイン　89
指導と評価の一体化　114
自由　190
主体的・対話的で深い学び　3-5, 10, 31, 33,
　37, 40, 48, 64, 76, 146, 147, 151
シュタイナー教育　183
小集団学習　84
序列化　199
新学力観　113
新教育運動　26
真正性　79
真正の学び　78, 81, 89
真正の評価　114
診断的評価　114
臣民教育　21
図／地　72
ストックホルム・レジリエンス・センター
　204
スペシャリスト　46
生活単元学習　30
生活綴方教育　29
正義の倫理　174
脆弱さ／傷つきやすさ　170
専心　175, 180
Society5.0　77, 93
総括的評価　114
相対評価　113
即興的な判断　57, 83

た
大正自由教育　26
第四次産業革命　77
TALIS 調査　220
対話　33
チームとしての学校　219
動機づけの転移　175, 180

東京サドベリースクール　190
道具　94
同僚性　218

は
媒介　92
はいまわる経験主義　30
8 年間一貫担任制　187
発達　33, 35, 97
場のなかにいること　172
パノプティコン　24
反省的実践家　50
ファシリテーション　65, 69
ファシリテーター　4, 63-72, 74
深い学び　76
普通教育　20
プラネタリー・バウンダリー　204
プラン　81
プレゼンス　162, 163
プログラム型　111
プロジェクト型　112
プロフェッショナル　46
ペスタロッチ主義　20
ヘルバルト主義　21
ポートフォリオ評価　114
ホーリズム　203
ホールスクール・アプローチ　208-210
ホリスティック　202-204, 207, 210

ま
マインドフルネス　74
学びの作法　87
学びの三位一体論　96
学びの専門家　47
学びのドーナッツ理論　95
身　135
「見る－見られる」関係　24, 120
無条件の肯定的配慮　63, 148, 155, 156
目標に準拠した評価　113
モラルジレンマ　172, 173
問題解決学習　30

や

ゆとり　*30*

ユネスコ　*206*

弱さ　*170, 172*

ら

羅生門的接近　*110*

リフレクション　*51*

わ

ワークショップ　*64, 68*

わざ　*154*

・執筆者一覧 （＊は編者、執筆順）

＊**小室弘毅**（こむろ・ひろき）　第 1 章・第 5 章・第 10 章・第 11 章
東京大学大学院教育学研究科博士課程単位取得退学。修士（教育学）。現在、関西大学人間健康学部准教授。『人間形成と修養に関する総合的研究』（共著、野間教育研究所、2012 年）、『ワークで学ぶ教育学』（分担執筆、ナカニシヤ出版、2015 年）、『ワークで学ぶ道徳教育』（分担執筆、ナカニシヤ出版、2016 年）、『やさしく学ぶ道徳教育』（分担執筆、ミネルヴァ書房、2016 年）、『ワークで学ぶ教職概論』（分担執筆、ナカニシヤ出版、2017 年）、『ワークで学ぶ教育課程論』（分担執筆、ナカニシヤ出版、2018 年）、『ワークで学ぶ学校カウンセリング』（分担執筆、ナカニシヤ出版、2019 年）、他。

＊**齋藤智哉**（さいとう・ともや）　第 2 章・第 4 章・第 6 章・第 9 章
東京大学大学院教育学研究科博士課程単位取得退学。修士（教育学）。現在、國學院大學文学部教授。「女教員の修養における身体の表象—後藤静香の希望社運動」（『日本教師教育学会年報』第 13 号、2004 年）、「西尾実における国語教育観の転換——植民地視察による「話しことば」の再発見」（『国語科教育』第 61 集、2007 年）、「一九二〇年代の木下竹次の学習法における「修養」——自律と協同・道徳的判断・身体」（『國學院雑誌』第 110 巻第 12 号、2009 年）、*Manabi and Japanese Schooling*（共著、Routledge、近刊）、『デューイ著作集 7 教育 2 明日の学校、ほか』（共訳、上野正道［訳者代表］・佐藤学［解題］、東京大学出版会、2019 年）、他。

長澤 貴（ながさわ・たかし）　第 3 章・第 7 章
東京大学大学院教育学研究科博士課程中退。修士（教育学）。現在、鈴鹿大学短期大学部教授。『臨床国語教育を学ぶ人のために』（分担執筆、世界思想社、2007 年）、『幼児教育・栄養教育のためのアクティヴラーニングの展開』（編著、三恵社、2018 年）、他

黒田友紀（くろだ・ゆき）　第 8 章
東京大学大学院教育学研究科博士課程単位取得退学。修士（教育学）。現在、日本大学理工学部准教授。『アメリカ教育改革の最前線』（分担執筆、学術出版会、2012 年）、『教師の声を聴く——教師のジェンダー研究からフェミニズム教育学へ』（共編著、学文社、2016 年）、『教育課程論』（分担執筆、学文社、2016 年）、『現代の教師論』（分担執筆、ミネルヴァ書房、2019 年）、他。

池田華子（いけだ・はなこ）　第 12 章
京都大学大学院教育学研究科博士課程修了。博士（教育学）。現在、大阪公立大学国際基幹教育機構准教授。『ワークで学ぶ道徳教育』（分担執筆、ナカニシヤ出版、2016 年）、『災害と厄災の記憶を伝える——教育学は何ができるのか』（分担執筆、勁草書房、2017 年）、『教職教養講座　第 3 巻　臨床教育学』（分担執筆、協同出版、2017 年）、『ワークで学ぶ学校カウンセリング』（分担執筆、ナカニシヤ出版、2019 年）、他。

井藤 元（いとう・げん） 第 13 章

京都大学大学院教育学研究科博士課程修了。博士（教育学）。現在、東京理科大学教育支援機構教職教育センター教授。『シュタイナー「自由」への遍歴――ゲーテ・シラー・ニーチェとの邂逅』（京都大学学術出版会、2012 年）、『笑育――「笑い」で育む 21 世紀型能力』（監修、毎日新聞出版、2018 年）、『ワークで学ぶ教育学』（編著、ナカニシヤ出版、2015 年）、『ワークで学ぶ道徳教育』（編著、ナカニシヤ出版、2016 年）、『ワークで学ぶ教職概論』（編著、ナカニシヤ出版、2017 年）、『ワークで学ぶ教育課程論』（共編著、ナカニシヤ出版、2018 年）、『ワークで学ぶ学校カウンセリング』（共編著、ナカニシヤ出版、2019 年）、他。

曽我幸代（そが・さちよ） 第 14 章

聖心女子大学大学院文学研究科博士後期課程修了。博士（人間科学）。現在、名古屋市立大学大学院人間文化研究科准教授。『社会変容をめざす ESD――ケアを通した自己変容をもとに』（学文社、2018 年）、『新たな時代の ESD サスティナブルな学校を創ろう――世界のホールスクールから学ぶ』（共訳・共編著、明石書店、2017 年）、『対話がつむぐホリスティックな教育――変容をもたらす多様な実践』（共著、創成社、2017 年）、『事典 持続可能な社会と教育』（共編著、教育出版、2019 年）、他。

北田佳子（きただ・よしこ） 第 15 章

東京大学大学院教育学研究科博士課程単位取得退学。現在、埼玉大学教育学部准教授。『グローバル時代の学校教育』（分担執筆、三恵社、2013 年）、『学生と教師のための現代教職論とアカデミックフリーダム』（分担執筆、学文社、2014 年）、『東アジアの未来をひらく学校改革――展望と挑戦』（共編著、北大路書房）、*Practical Knowledge in Teacher Education: Approaches to Teacher Internship Programmes*（共著、Routledge、2014 年）、『教育の今とこれからを読み解く 57 の視点』（共編著、教育出版、2015 年）、*Lesson Study and Schools as Learning Communities: Asian School Reform in Theory and Practice*（共著、Routledge、2018 年）、他。

ワークで学ぶ教育の方法と技術

2019 年 10 月 25 日	初版第 1 刷発行
2023 年 10 月 2 日	初版第 3 刷発行

（定価はカヴァーに
表示してあります）

編　者　小室弘毅・齋藤智哉

発行者　中西　良

発行所　株式会社ナカニシヤ出版

〒606-8161　京都市左京区一乗寺木ノ本町 15 番地
TEL075-723-0111　FAX075-723-0095
http://www.nakanishiya.co.jp/

装幀＝宗利淳一デザイン
イラスト＝細見知加
印刷・製本＝亜細亜印刷
©H. Komuro, T. Saito *et al*. 2019
＊落丁・乱丁本はお取替え致します。
Printed in Japan.
ISBN978-4-7795-1418-0　C1037

本書のコピー、スキャン、デジタル化等の無断複製は著作権法上での例外を除き禁
じられています。本書を代行業者等の第三者に依頼してスキャンやデジタル化する
ことはたとえ個人や家庭内での利用であっても著作権法上認められておりません。

「ワークで学ぶ」シリーズ　全7巻

ワーク課題で教育学の基本を学ぶ

ワークで学ぶ教育学〔増補改訂版〕
井藤 元［編］　何が正しい教育なのか、良い先生とはどんな先生なのか。ワーク課題を通じて創造的思考を養っていこう。　　　　　　　　　　　2600円＋税

ワークで学ぶ道徳教育〔増補改訂版〕
井藤 元［編］　学校で道徳を教えることはできるのか、そもそも道徳とは何か。ワーク課題を通じて道徳をめぐる問いと向き合っていこう。　　　2600円＋税

ワークで学ぶ教職概論
井藤 元［編］　教師になるとはどのようなことか。理想の教師像なんてあるのか。ワーク課題を通じて「教育観」を磨いていこう。　　　　　　　2500円＋税

ワークで学ぶ教育課程論
尾崎博美・井藤 元［編］ワーク課題と授業案を通じて、「授業を受ける立場」から「授業をつくる立場」へと視点を転換していこう。　　　　　2600円＋税

ワークで学ぶ学校カウンセリング
竹尾和子・井藤 元［編］　児童・生徒や家庭への支援はどうすればいいのか。ワーク課題を通じて、学校カウンセリングの良き担い手になろう。　2600円＋税

ワークで学ぶ教育の方法と技術
小室弘毅・齋藤智哉［編］　大改正された新学習指導要領に対応。ワークを通じて「主体的・対話的で深い学び」を実践していこう。　　　　　　2600円＋税

ワークで学ぶ発達と教育の心理学
竹尾和子・井藤 元［編］　子どもの発達はどのように進むのか。ワーク課題を通じて発達観と教育観を磨こう　　　　　　　　　　　　　　　　2600円＋税